Impressum
Verlag: BABADADA GmbH, Nedderfeld 112 , 22529 Hamburg
Geschäftsführer / Verlagsleitung: Harald Hof
Druck: Books on Demand GmbH, In de Tarpen 42, 22848 Norderstedt

Imprint
Publisher: BABADADA GmbH, Nedderfeld 112 , 22529 Hamburg, Germany
Managing Director / Publishing direction: Harald Hof
Print: Books on Demand GmbH, In de Tarpen 42, 22848 Norderstedt, Germany

ကျောင်း

школа

စာသင်ခန်း
классная комната

စားသည်
делить

186/2

ဘုတ်ပြား
доска

ကျောင်းဝင်း
школьный двор

ဆရာ ဆရာမ
учитель

စာရွက်
бумага

စာရေးသည်
писать

ဘောပင်
ручка

စာရေးစားပွဲခုံ
письменный стол

ပေတံ
линейка

စာအုပ်
книга

သူငယ်အိမ်
ученик

အဖုံးပါ ဘေးလွယ်အိတ်

ранец

ခဲတံဗူး

пенал

ခဲတံ

карандаш

ချွန်စက်

точилка

ခဲဖျက်

ластик

ပုံဆွဲစာအုပ်

альбом для рисования

ပုံဆွဲခြင်း

рисунок

ဆေးခြယ်သည့် စုပ်တံ

кисточка

အရောင်စုံ ဗူး

коробка красок

ကပ်ကြေး

ножницы

ကော်

клей

လေ့ကျင့်ခန်းစာအုပ်

тетрадь

အိမ်စာ

домашняя работа

12

နံပါတ်

цифра

2+2

ပေါင်းသည်

прибавлять

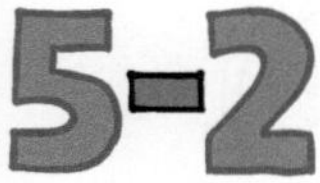
5-2

နုတ်သည်

вычитать

2×2

မြှောက်သည်

умножать

42

တွက်ပါ

считать

A

စာ

буква

ABCDEFG
HIJKLMN
OPQRSTU
VWXYZ

အက္ခရာ

алфавит

hello

စကားလုံး

слово

ဖတ်စာအုပ်

текст

ဖတ်သည်

читать

မြေဖြူ

мел

သခံန်းစာ

урок

ကျောင်းခေါ် ချိန်
မှတ်တမ်းစာအုပ်

классный журнал

စာမေးပွဲ

экзамен

အထောက်အထားလက်မှတ်

диплом

ကျောင်းဝတ်စုံ

школьная форма

ပညာရေး

образование

စွယ်စုံကျမ်း

энциклопедия

တက္ကသိုလ်

университет

အနက်ကြည့်မှန်ပြောင်း

микроскоп

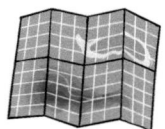

မြေပုံ

карта

အမှိုက်စက္ကူပုံး

корзина для бумаг

ဟိုတယ်
гостиница

Grand

ဘော်ဒါဆောင်
турбаза

ROOMS

ငွေလဲဋ္ဌာန
пункт обмена валюты

EXCHANGE

ခရီးဆောင်အိတ်
чемодан

ကား
автомобиль

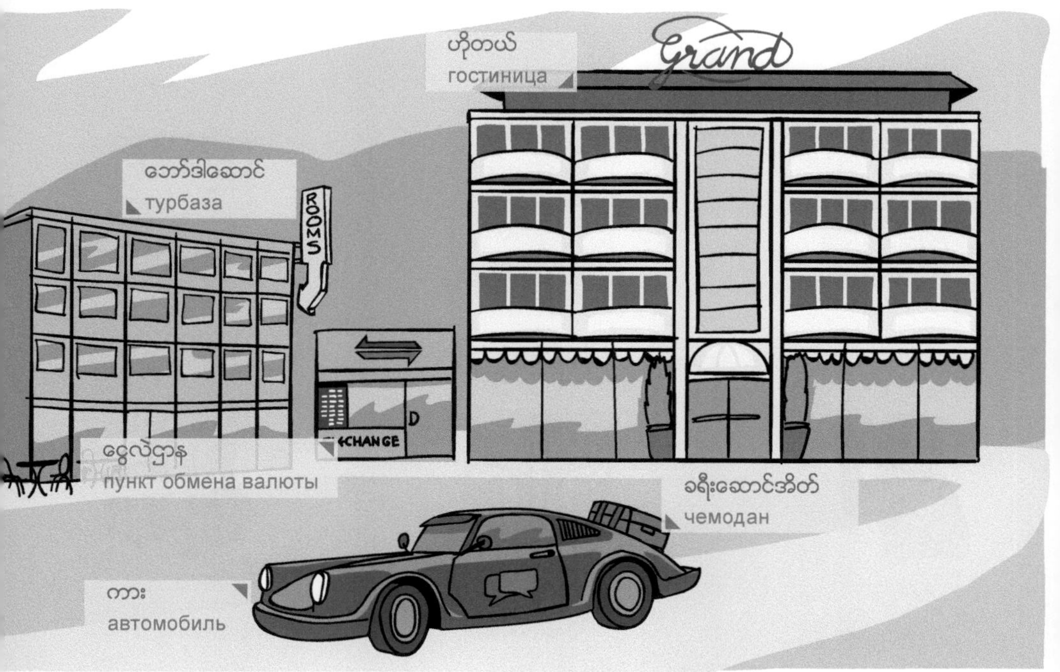

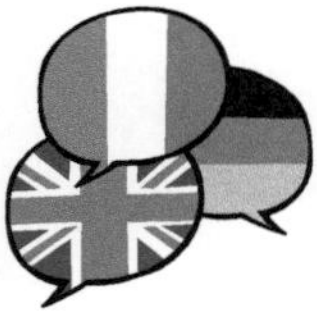

ဘာသာစကား

язык

မှန် / မှား

да / нет

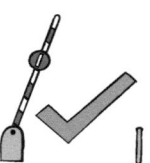

အိုကေ

хорошо

ဟယ်လို

Привет

ဘာသာပြန်

переводчик

ကျေးဇူးတင်ပါတယ်

Спасибо

......က ဘယ်လောက်လဲ။

Сколько стоит...?

ကျွန်ုပ် နားမလည်ဘူး

Я не понимаю

ပြဿနာ

проблема

မင်္ဂလာ ညနေခင်းပါ။

Добрый вечер!

မင်္ဂလာ နံနက်ခင်းပါ။

Доброе утро!

မင်္ဂလာ ညပါ။

Доброй ночи!

ဘိုင်းဘိုင်

До свидания

ဦးတည်ရာ

направление

ခရီးဆောင်သေတ္တာ

багаж

အိတ်

сумка

ကျောပိုးအိတ်

рюкзак

ဧည့်သည်

гость

အခန်း

комната

တစ်ကိုယ်စာအိပ်ယာလိပ်

спальный мешок

ရွက်ထည်တဲ

палатка

ခရီးသွားညွှန်သည်အတွက်
သတင်းအချက်အလက်

туристическая
информация

ကမ်းခြေ

пляж

အကြွေးဝယ်ကတ်

кредитная карточка

နံနက်စာ

завтрак

နေ့လည်စာ

обед

ညစာ

ужин

လက်မှတ်

билет

ဓာတ်လှေကား

лифт

တံဆိပ်ခေါင်း

почтовая марка

နယ်စပ်

граница

အခွန်များ

таможня

သံရုံး

посольство

ဗီဇာ

виза

နိုင်ငံကူးလက်မှတ်

паспорт

သယ်ယူပို့ဆောင်ရေး

транспорт

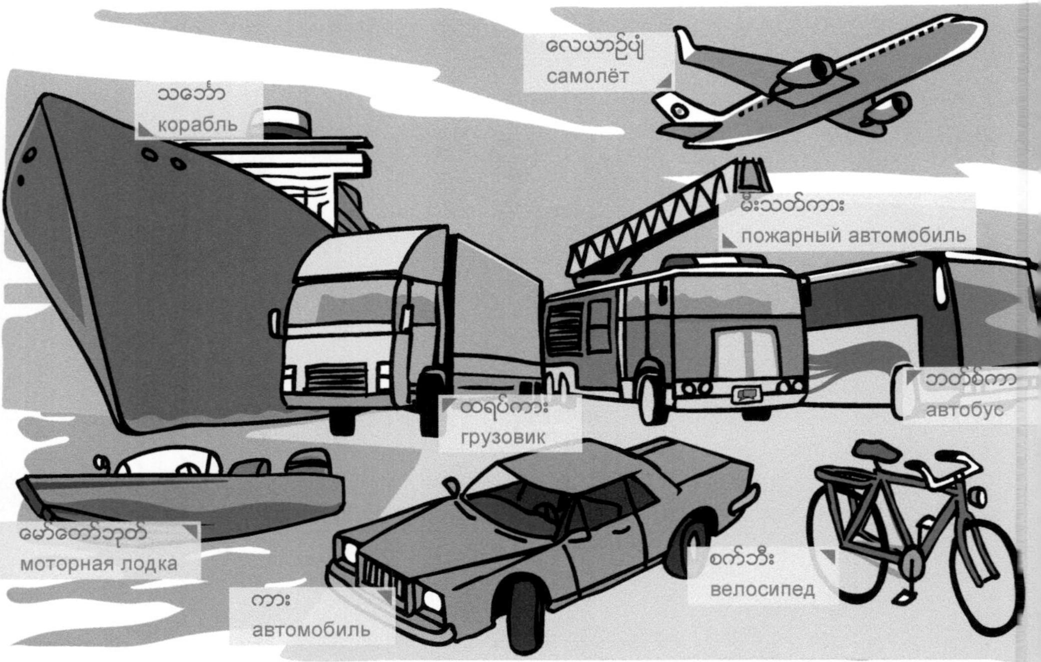

လေယာဉ်ပျံ
самолёт
သင်္ဘော
корабль
မီးသတ်ကား
пожарный автомобиль
ဘတ်စ်ကား
автобус
ထရပ်ကား
грузовик
မော်တော်ဘုတ်
моторная лодка
စက်ဘီး
велосипед
ကား
автомобиль

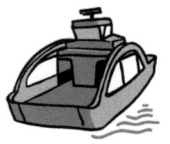

ဖယ်ရီသင်္ဘော

паром

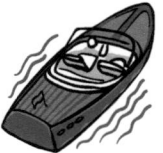

လှေ

лодка

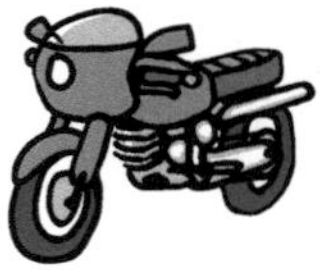

မော်တော်ဆိုင်ကယ်

мотоцикл

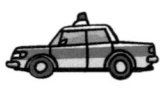

ရဲကား

полицейский автомобиль

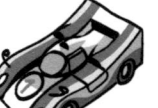

ပြိုင်ကား

гоночный автомобиль

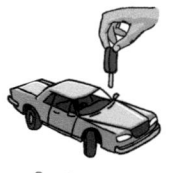

စင်းလုံးငှားကား

арендованный автомобиль

ကားဝေမျှသုံးစွဲခြင်း

совместное пользование
автомобилями

ပျက်နေသော ထရပ်ကား

буксировочный
автомобиль

အမှိုက်သယ်ယာဉ်

мусоровоз

မော်တာ

двигатель

လောင်စာ

топливо

ဓာတ်ဆီဆိုင်

заправка

လမ်းကြောပြ ဆိုင်းဘုတ်

дорожный знак

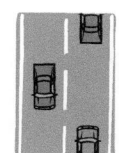

ယာဉ်အသွားအလာ

движение

လမ်းကြောပိတ်ဆို့မှု

пробка

ကားရပ်နားရာနေရာ

автостоянка

ရထားဘူတာရုံ

вокзал

လမ်းကြောင်းများ

рельсы

ရထား

поезд

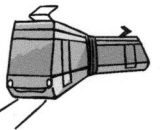

ဓာတ်ရထား

трамвай

ရထားလုံး

вагон

ဟယ်လီကော်ပီတာ

вертолёт

လေဆိပ်

аэропорт

တာဝါ

вышка

ခရီးသည်

пассажир

ထည့်စရာပုံး

контейнер

ကတ်ထူပုံး

коробка

လှည်း

тележка

ခြင်း

корзина

ထွက်ခွာ / ဆိုက်ရောက်

взлетать / приземляться

မြို့တော်

город

ကျေးရွာ

деревня

မြို့လယ်ခေါင်

центр города

အိမ်

дом

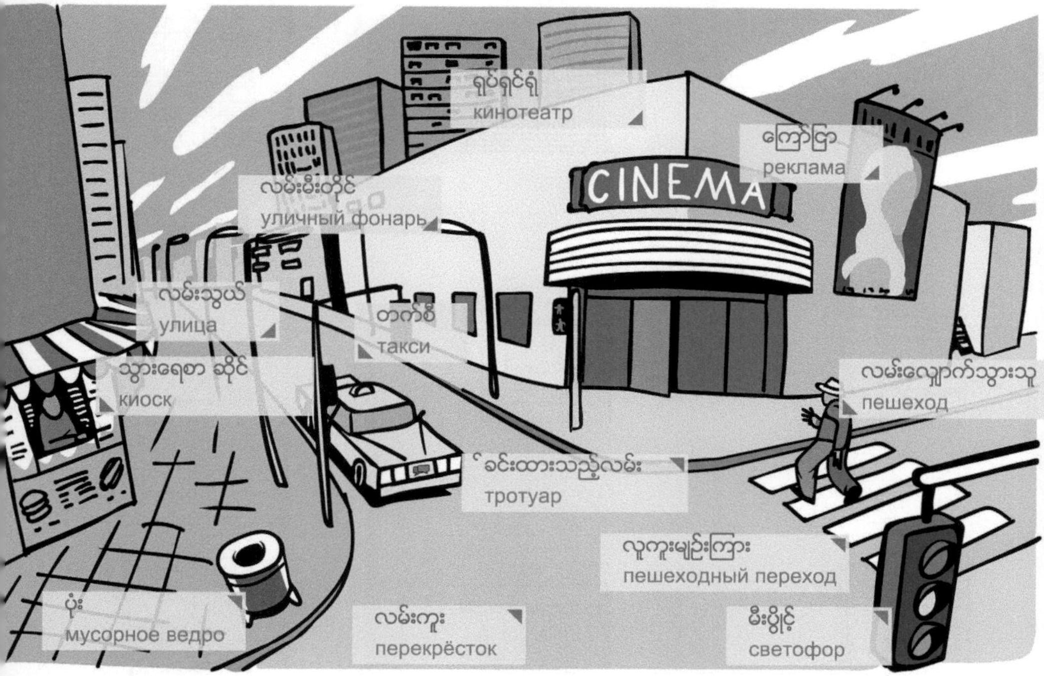
ရုပ်ရှင်ရုံ
кинотеатр
ကြော်ငြာ
реклама
CINEMA
လမ်းမီးတိုင်
уличный фонарь
လမ်းသွယ်
улица
တက္ကစီ
такси
သွားရေစာ ဆိုင်
киоск
လမ်းလျှောက်သွားသူ
пешеход
ခင်းထားသည့်လမ်း
тротуар
လူကူးမျဉ်းကြား
пешеходный переход
ပုံး
мусорное ведро
လမ်းကူး
перекрёсток
မီးပွိုင့်
светофор

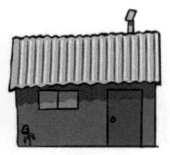

တဲအိမ်

хижина

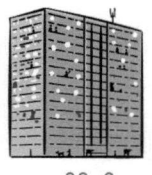

နေအိမ်ခန်း

квартира

ရထားဘူတာရုံ

вокзал

မြို့တော်ခန်းမ

ратуша

MUSEUM

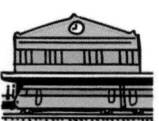

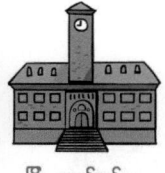

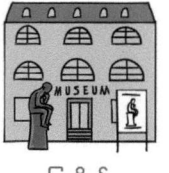

ပြတိုက်

музей

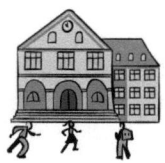

ကျောင်း

школа

တက္ကသိုလ်

университет

ဘဏ်

банк

ဆေးရုံ

больница

ဟိုတယ်

гостиница

ဆေးဆိုင်

аптека

ရုံးခန်း

офис

စာအုပ်ဆိုင်

книжный магазин

ဆိုင်

магазин

ပန်းရောင်းသူ၏

цветочный магазин

စူပါမားကတ်

супермаркет

ဈေး

рынок

ပစ္စည်းမျိုးစုံရောင်းသည့်
စတိုးဆိုင်ကြီး

универмаг

ငါးရောင်းသူ၏

торговец рыбой

ဈေးဝယ်စင်တာ

торговый центр

သင်္ဘောဆိပ်

порт

အနားယူပန်းခြံ

парк

ထိုင်ခုံတန်း

скамейка

တံတား

мост

လှေကားထစ်များ

лестница

မြေအောက်

метро

ဥမင်လှိုင်ခေါင်း

тоннель

ဘတ်စ်ကားမှတ်တိုင်

автобусная остановка

ဘား

бар

စားသောက်ဆိုင်

ресторан

စာတိုက်သေတ္တာ

почтовый ящик

လမ်းဆိုင်းဘုတ်

табличка с названием
улицы

ကားရပ်နားခ ကောက်ခံသည့်
မီတာ

паркометр

တိရိစ္ဆာန်ရုံ

зоопарк

ရေကူးကန်

бассейн

ဗလီ

мечеть

လယ်ယာ

ферма

ညစ်ညမ်းမှု

загрязнение окружающей среды

သချႋႋင်းကုန်း

кладбище

ဘုရားရႋႋခႋႋးကျောင်း

церковь

ကစားကွင်း

детская площадка

ဘုရားကျောင်း

храм

ရှခင်း
ландшафт

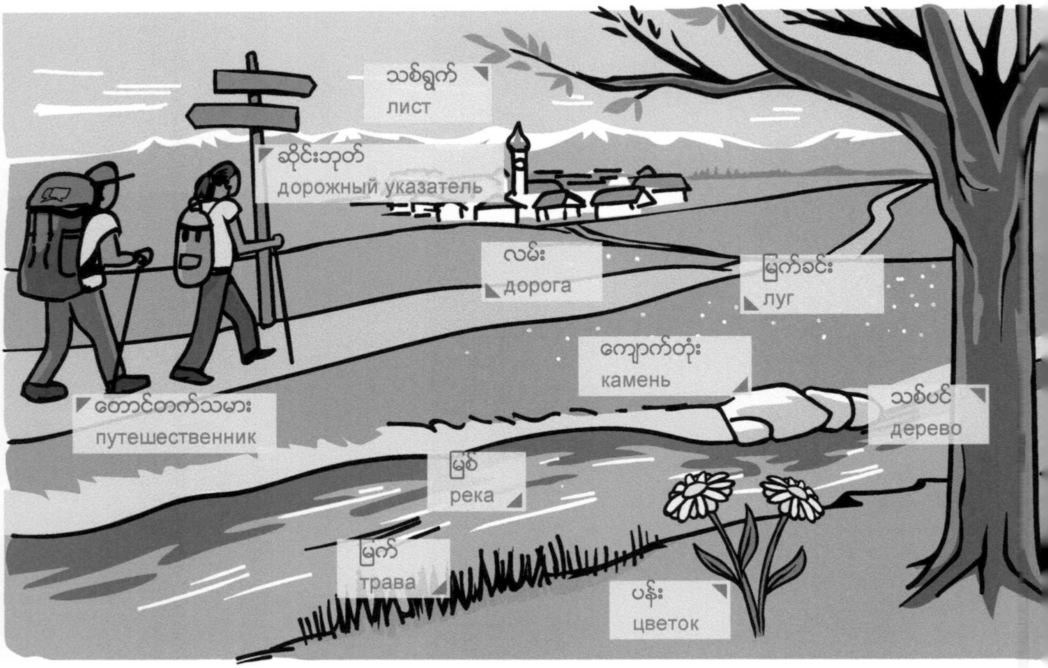

- သစ်ရွက် / лист
- ဆႋႋင်းဘုတ် / дорожный указатель
- လမ်း / дорога
- မြက်ခင်း / луг
- ကျောက်တုံး / камень
- တောင်တက်သမား / путешественник
- သစ်ပင် / дерево
- မြစ် / река
- မြက် / трава
- ပန်း / цветок

တောင်ကြား

долина

တောင်ကုန်း

гора

ရေကန်

озеро

သစ်တော

лес

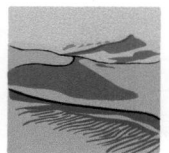

သဲကန္တာရ

пустыня

မီးတောင်

вулкан

ရဲတိုက်

замок

သက်တန့်

радуга

မှို

гриб

ထန်းပင်

пальма

ခြင်

комар

ပျံသန်းသည်

муха

ပုရွက်ဆိတ်

муравей

ပျား

пчела

ပင့်ကူ

паук

ပိုးတောင်မာ

жук

ဖား

лягушка

ရှဉ့်

белка

ဖြူကောင်

еж

ယုန်

заяц

ဇီးကွက်

сова

ငှက်

птица

ငန်း

лебедь

တောဝက်

кабан

သမင်

олень

ချိုပြားဒရယ်

лось

ဆည်

плотина

လေအားသုံး
လျှပ်စစ်ဓာတ်အားပေးစက်

ветряной генератор

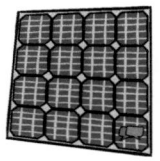

နေရောင်ခြည်ခံပြား

солнечная батарея

ရာသီဥတု

климат

စားသောက်ဆိုင်

ресторан

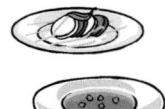

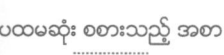

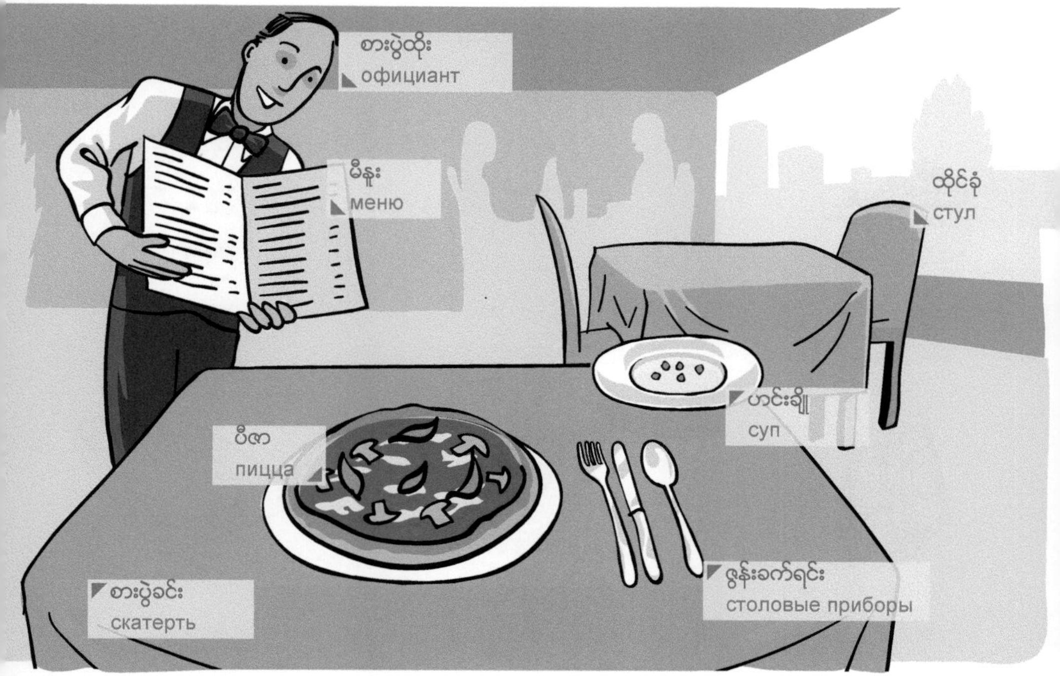
စားပွဲထိုး
официант
မီနူး
меню
ထိုင်ခုံ
стул
ဟင်းချို
суп
ပီဇာ
пицца
စားပွဲခင်း
скатерть
ဇွန်းခက်ရင်း
столовые приборы

ပထမဆုံး စားသည့် အစာ
закуска

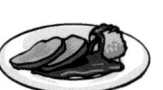

ပင်မ အစာ
главное блюдо

အချိုပွဲ
десерт

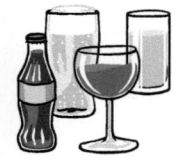

သောက်စရာများ
напитки

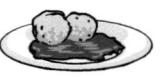

အစားအစာ
еда

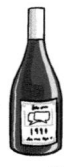

ပုလင်း
бутылка

အသင့်ပြင်ပြီးသား အစားအစာ

фастфуд

လမ်းဘေးအစားအစာ

уличная еда

လက်ဖက်ရည်အိုး သို့မဟုတ် ရေနွေးကြမ်းအိုး

чайник

သကြားအိုး

сахарница

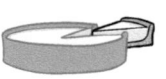

တစ်ယောက်စာ

порция

အက်စက်ပရက်ဆို ကော်ဖီစက်

кофеварка

ထိုင်ခုံအမြင့်

детский стульчик

ငွေတောင်းခံလွှာ

счет

ပန်း

поднос

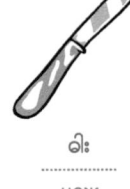

ဓါး

нож

ခက်ရင်း

вилка

ဇွန်း

ложка

လက်ဖက်ရည်ဇွန်း

чайная ложка

လက်သုတ်ပုဝါ

салфетка

ရေသောက်ဖန်ခွက်

стакан

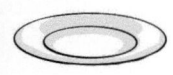

ပန်းကန်ပြား

тарелка

ဟင်းချိုပန်းကန်ပြား

суповая тарелка

ပန်းကန်ပြား

блюдце

ဆော့စ်

соус

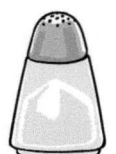

ဆားအိုး

солонка

ငရုတ်ကောင်း ချေစက်

мельница для перца

ရှာလကာရည်

уксус

ဆီ

масло

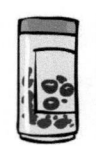

ဟင်းခတ်အမွှေးအကြိုင်

специи

ခရမ်းချဉ်သီးဆော့စ်

кетчуп

မုန်ညင်းဆီဆော့စ်

горчица

မယိုးနိစ်

майонез

စူပါမားကတ်

супермаркет

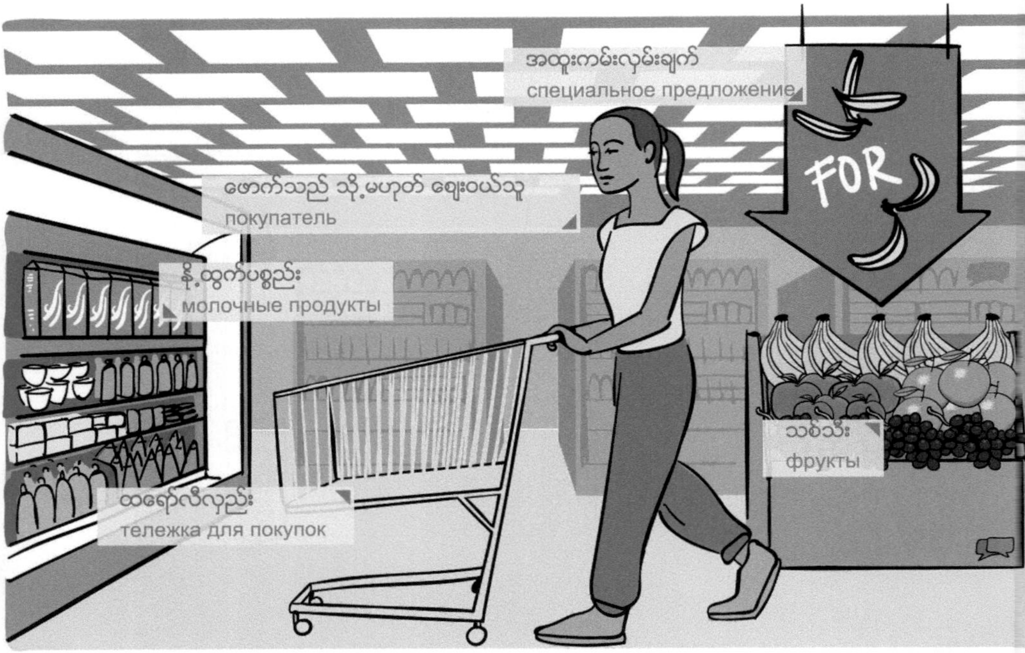

အထူးကမ်းလှမ်းချက်
специальное предложение
ဖောက်သည် သို့မဟုတ် ဈေးဝယ်သူ
покупатель
နို့ထွက်ပစ္စည်း
молочные продукты
FOR
သစ်သီး
фрукты
ထရော်လီလှည်း
тележка для покупок

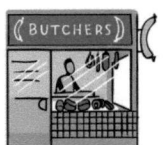

BUTCHERS

သားသတ်သမား၏

мясной магазин

BAKERY

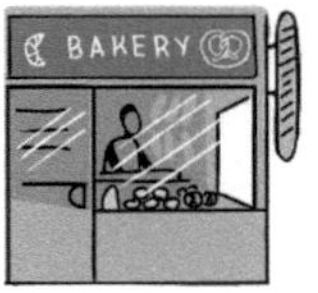

မုန့်ဖုတ်သမား၏

пекарня

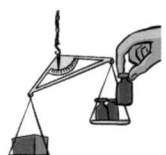

အလေးချိန်သည်

взвешивать

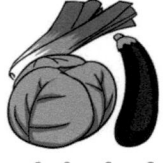

ဟင်းသီးဟင်းရွက်

овощи

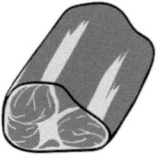

အသား

мясо

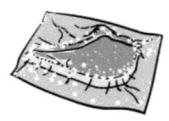

အေးခဲထားသည့် အစားအစာ

быстрозамороженные продукты

ရှင်ဆင်ထားသော အသားအေး

нарезка

သုံးဖူးသွပ် အစားအစာ

консервы

ဆပ်ပြာမှုန့်

стиральный порошок

သကြားလုံးများ

сладости

အိမ်သုံး ပစ္စည်းများ

предмет домашнего обихода

သန့်ရှင်းရေး ပစ္စည်းများ

моющее средство

ဈေးရောင်းသူ

продавщица

အထိ

касса

ငွေကိုင်

кассир

ဈေးဝယ်စာရင်း

список покупок

ဖွင့်ချိန်နာရီများ

время работы

အိတ်ဆောင် ပိုက်ဆံအိတ်

бумажник

အကြွေးဝယ်ကတ်

кредитная карточка

အိတ်

сумка

ပလတ်စတစ်အိတ်

полиэтиленовый пакет

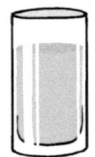

ရေ

вода

သစ်သီးဖျော်ရည်

сок

နွားနို့

молоко

ကိုကာကိုလာ

кока-кола

ဝိုင်

вино

ဘီယာ

пиво

အရက်

алкоголь

ကိုကိုးမှုန့်

какао

လက်ဖက်ရည် သို့ မဟုတ်
ရေနွေးကြမ်း

чай

ကော်ဖီ

кофе

အက်စ်ပရက်ဆို ကော်ဖီ

эспрессо

ကပူချီနိုကော်ဖီ

капучино

ငှက်ပျောသီး

банан

ပန်းသီး

яблоко

လိမ္မော်သီး

апельсин

ဖရဲသီးမျိုးဝင်

арбуз

သံပုရိုသီး

лимон

မုန်လာဥနီ

морковь

ကြက်ညှင်းဖြူ

чеснок

မျှစ်

бамбук

ကြက်သွန်နီ

лук

ရို

гриб

ပဲစေ့များ

орехи

ခေါက်ဆွဲ

лапша

စပါဂတီ ခေါ် အီတလီ ခေါက်ဆွဲ

спагетти

ထမင်း

рис

ဆလပ်ရွက်သုတ်

салат

အကြွပ်ကြော်များ

картофель фри

အာလူးကြော်

жареный картофель

ပီဇာ

пицца

ဟမ်ဘာဂါ

гамбургер

အသားညှပ်ပေါင်မုန့်

сэндвич

ကတ်တလိပ်

шницель

ဝက်ပေါင်ခြောက်

ветчина

ဆလာမီ

салями

ဝက်အူချောင်း

колбаса

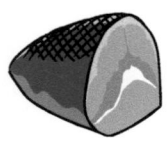

ကြက်သား

курица

ရိုစ်လုပ်ခြင်း

жаркое

ငါး

рыба

ကွေကာအုတ်

овсяные хлопья

မျူးစလီ

мюсли

ပြောင်းဆေ့ပြား

кукурузные хлопья

ဂျုံမုန့်

мука

ခရာဆွန်း ခေါ်
ပြင်သစ်ပေါင်မုန့်တစ်မျိုး

круассан

ပေါင်မုန့်လိပ်

булочка

ပေါင်မုန့်

хлеб

ပေါင်မုန့်မီးကင်

тост

ဘီစကစ်

печенье

ထောပတ်

масло

ဒိန်ခဲ

творог

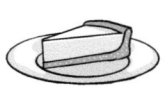

ကိတ်မုန့်

пирог

ဥ

яйцо

ဥကြော်

яичница

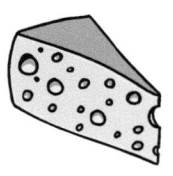

ချိစ်

сыр

ရေခဲမုန့်

мороженое

သကြား

сахар

ပျားရည်

мёд

ယို

мармелад

ယိုသုတ်စားသည့် ချောကလက်

крем с нугой

ဟင်း

карри

အစားအစာ - еда

လယ်ယာ
ферма

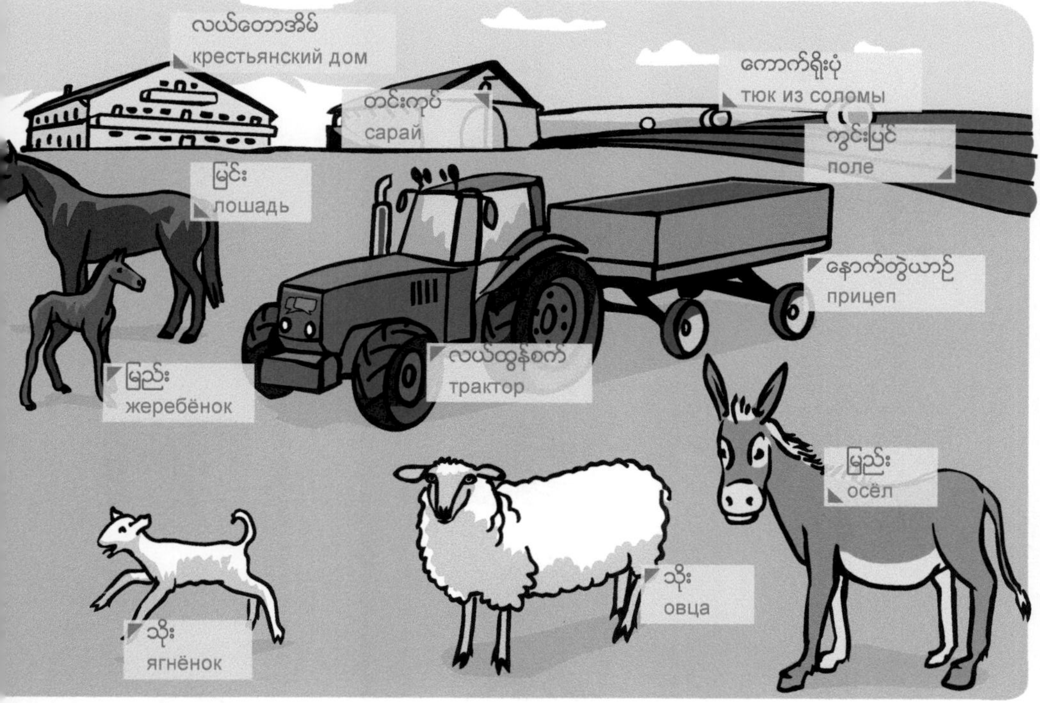

လယ်တောအိမ်
крестьянский дом
တင်းကုပ်
сарай
ကောက်ရိုးပုံ
тюк из соломы
ကွင်းပြင်
поле
မြင်း
лошадь
နောက်တွဲယာဉ်
прицеп
မြည်း
жеребёнок
လယ်ထွန်စက်
трактор
မြည်း
осёл
သိုး
овца
သိုး
ягнёнок

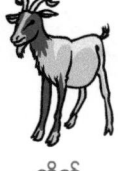

ဆိတ်

коза

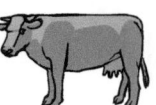

နွားမ

корова

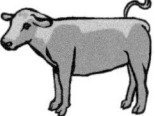

နွားလေး

телёнок

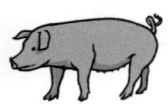

ဝက်

свинья

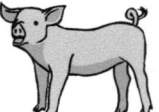

ဝက်ကလေး

поросёнок

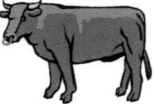

နွားထီး

бык

ဘဲငန်း

гусь

ဘဲ

утка

ကြက်ပေါက်ကလေး

цыплёнок

ကြက်မ

курица

ကြက်ဖ

петух

ကြက်

крыса

ကြောင်

кошка

ကြွက်ကလေး

мышь

နွားထီး

вол

ခွေး

собака

ခွေးအိမ်

конура

ပန်းခြံရေပိုက်

садовый шланг

ရေလောင်းသည့်ခွက်

лейка

 တံစဉ်အပြားကြီး

коса

ထယ်

плуг

တံစဉ်

серп

ပေါက်ပြား

мотыга

ကောက်ဆွ

навозные вилы

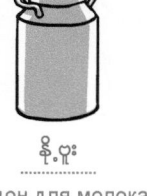

ပေါက်ချွန်း

топор

ဘီးတပ် လက်တွန်းလှည်း

тачка

စားခွက်

корыто

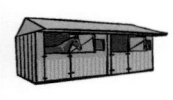

နို့ပုံး

бидон для молока

အိတ်

мешок

ခြံစည်းရိုး

забор

မြင်းဇောင်း

хлев

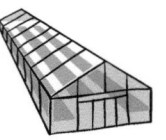

မှန်လုံအိမ်

теплица

မြေကြီး

почва

အစေ့

посев

မြေသြဇာ

удобрение

စုပေါင်း ရိတ်သိမ်းသူ

комбайн

ရိတ်သိမ်းသည်

собирать урожай

ရိတ်သိမ်းသည်

урожай

ပီလောပိန်

ямс

ဂျုံ

пшеница

ပဲပုပ်

соя

အာလူး

картофель

ပြောင်း

кукуруза

နံစားပြောင်းဆီ

рапс

အသီးပင်

фруктовое дерево

ပီလောပိန်

маниок

စီရိရယ် ခေါ် နံနက်စာတစ်မျိုး

злаки

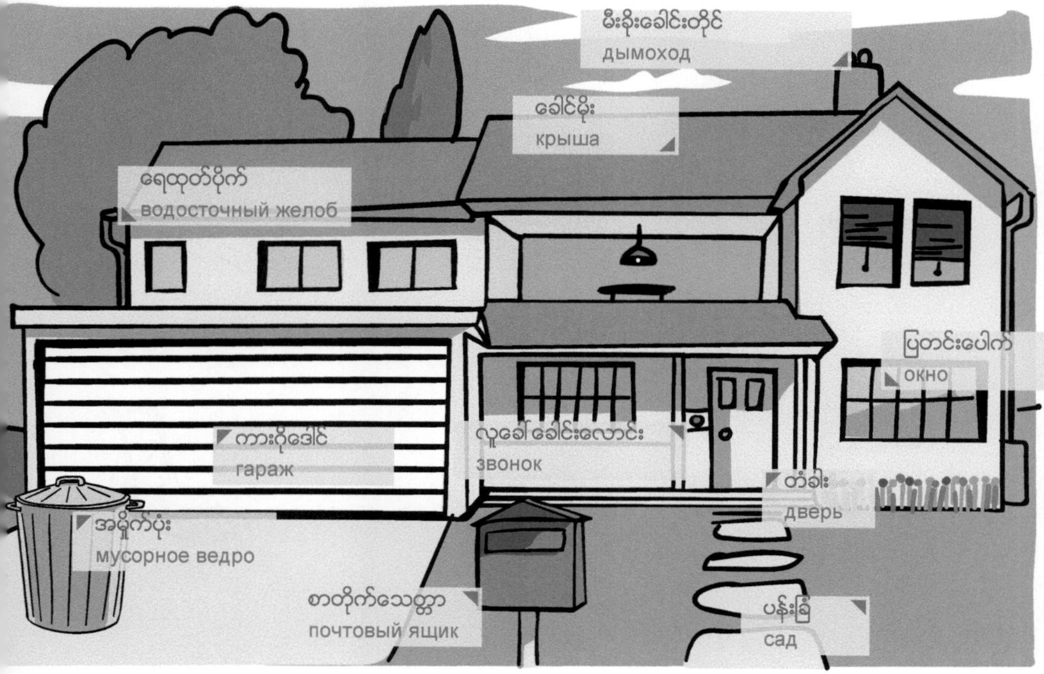

မီးခိုးခေါင်းတိုင်
дымоход

ခေါင်မိုး
крыша

ရေထုတ်ပိုက်
водосточный желоб

ပြတင်းပေါက်
окно

ကားဂိုဒေါင်
гараж

လူခေါ် ခေါင်းလောင်း
звонок

တံခါး
дверь

အမှိုက်ပုံး
мусорное ведро

စာတိုက်သေတ္တာ
почтовый ящик

ပန်းခြံ
сад

ဧည့်ခန်း

гостиная

ရေချိုးခန်း

ванная комната

မီးဖိုချောင်

кухня

အိပ်ခန်း

спальня

ကလေး အခန်း

детская комната

ထမင်းစားခန်း

столовая

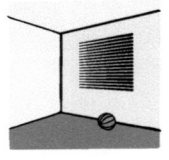

ကြမ်းပြင်

пол

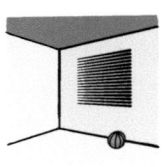

နံရံ

стена

မျက်နှာကြက်

потолок

မြေအောက်ခန်း

подвал

ချွေးထုတ်ခန်း

сауна

ဝရန်တာ

балкон

ဝရန်တာ

терраса

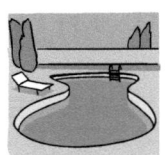

ရေကူးကန်

бассейн

မြက်ရိတ်စက်

газонокосилка

အခြုပ်

пододеяльник

အိပ်ယာခင်း

покрывало

အိပ်ယာ

кровать

တံမြက်စည်း

метла

ရေပုံး

ведро

မီးခလုတ်

выключатель

ဧည့်ခန်း
гостиная

နံရံကပ်စက္ကူ
обои
ဓာတ်ပုံ
рисунок
စားပွဲတင် မီးအိမ်
лампа
စင်
полка
နံရံကပ် ဗီရို
шкаф
တယ်လီဗွီးရှင်း
телевизор
မီးလင်းဖို
камин
ပန်း
цветок
ကူရှင်
подушка
ဆိုဖာ
диван
ပန်းအိုး
ваза
အဝေးထိန်း ကိရိယာ
пульт дистанционного управления

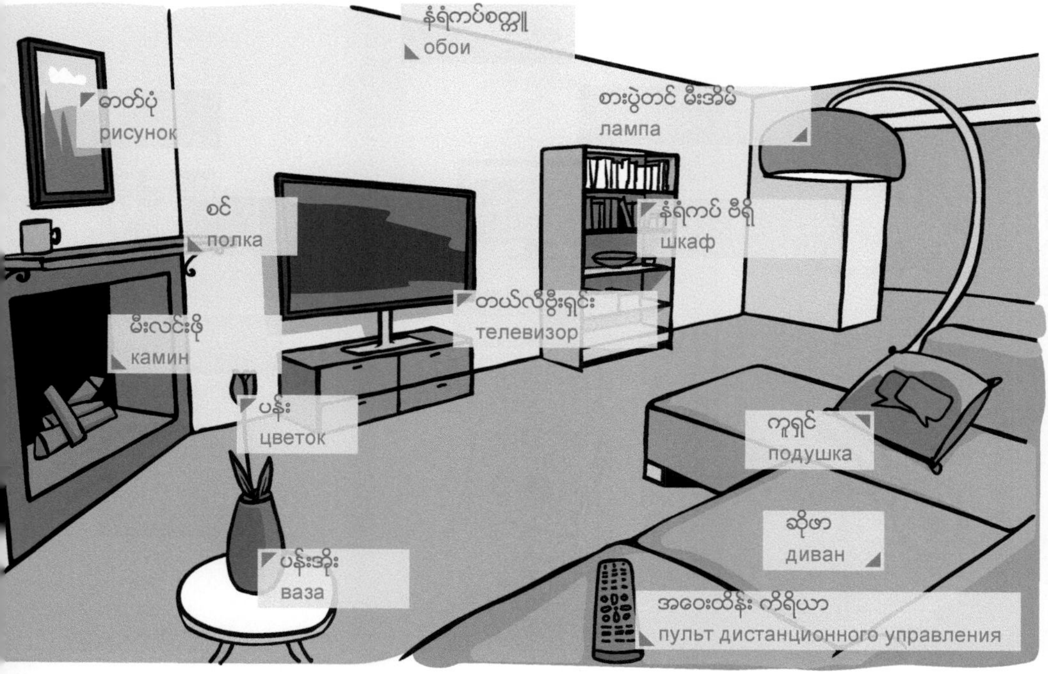

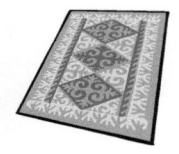

ကော်ဇော
ковёр

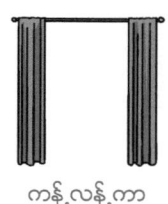

ကန့်လန့်ကာ
штора

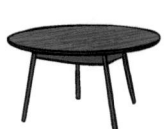

စားပွဲခုံ သို့မဟုတ် ဇယား
стол

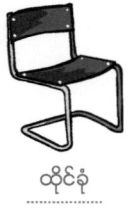

ထိုင်ခုံ
стул

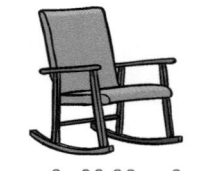

ရှေ့နောက် ယိမ်းနိုင်သည့် ထိုင်ခုံ
кресло-качалка

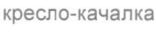

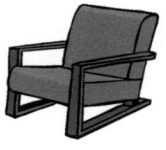

လက်တင်ထိုင်ခုံ
кресло

စာအုပ်

книга

စောင်

покрывало

အပြင်အဆင်

украшение

ထင်း

дрова

ဖလင် သို့မဟုတ် ရုပ်ရှင်

фильм

ဟိုင်ဖိုင် ကိရိယာ

стереосистема

သော့

ключ

သတင်းစာ

газета

ပန်းချီကား

картина

ပိုစတာ

плакат

ရေဒီယို

радио

မှတ်စုစာရွက်အုပ်

блокнот

ဖုံစုပ်စက်

пылесос

ရှားစောင်းပင်

кактус

ဖယောင်းတိုင်

свеча

မီးဖိုချောင်

кухня

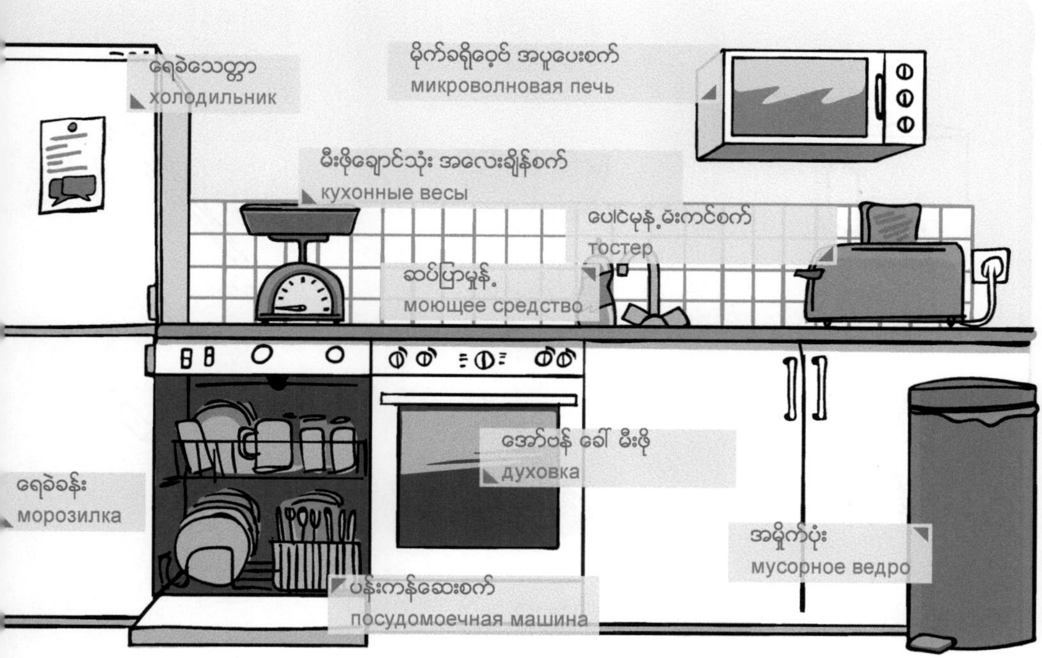

ရေခဲသေတ္တာ
холодильник
မိုက်ခရိုဝေ့ဖ် အပူပေးစက်
микроволновая печь
မီးဖိုချောင်သုံး အလေးချိန်စက်
кухонные весы
ပေါင်မုန့်မီးကင်စက်
тостер
ဆပ်ပြာမှုန့်
моющее средство
အောက်ဖန် ခေါ် မီးဖို
духовка
ရေခဲခန်း
морозилка
အမှိုက်ပုံး
мусорное ведро
ပန်းကန်ဆေးစက်
посудомоечная машина

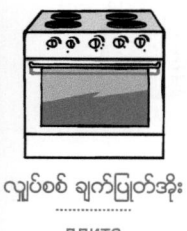

လျှပ်စစ် ချက်ပြုတ်အိုး

плита

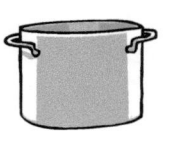

အိုး

кастрюля

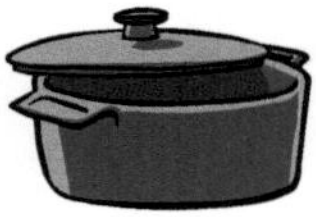

သံအိုးကြီး

чугунный котелок

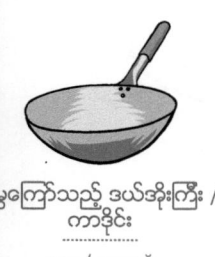

မွှကြော်သည့် ဒယ်အိုးကြီး / ကာဒိုင်း

вок / кадай

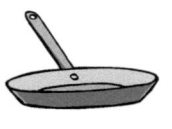

ဒယ်အိုး

сковорода

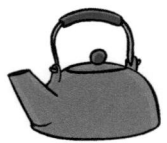

ရေနွေးတည်သည့်အိုး

чайник

ပေါင်းစက်

пароварка

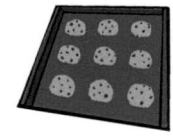

မုန့်ဖုတ်သည့် ပန်း

противень

ကြွေပန်းကန်ပြား ခွက်ယောက်

посуда

မတ်ခွက်

кружка

ဇလုံပန်းကန်

миска

အစားစားသည့်တူများ

палочки для еды

ယောက်ချို့

половник

မွှေသည့်အတံ

лопатка

ခေါက်တံ

сбивалка

စစ်သည့် အရာ

сито

စကာ

сито

ခြစ်သည့်ကိရိယာ

тёрка

ကျြပ်ဆုံ

ступка

ဘာဘီကျူးကင်

гриль

ထင်းမီးဖို

костёр

စင်းနီးတုံး

доска

လည်နေသောပင်

скалка

ဖွာ့ဆို့

штопор

သံဖူး

жестяная банка

သံဖူးဖောက်တံ

консервный нож

အိုးတင်သည့်အရာ

прихватка

ရေဆေးသည့် နေရာ

раковина

စုပ်တံ

щетка

ရေမြှုပ်

губка

မွှေသည့်စက်

миксер

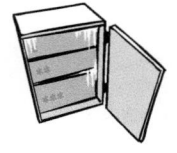

အေးခဲသည့် ရေခဲခန်း

морозильная камера

ကလေးနို့ဗူး

бутылочка для кормления

ရေပိုက်ခေါင်း

кран

ရေချိုးခန်း

ванная комната

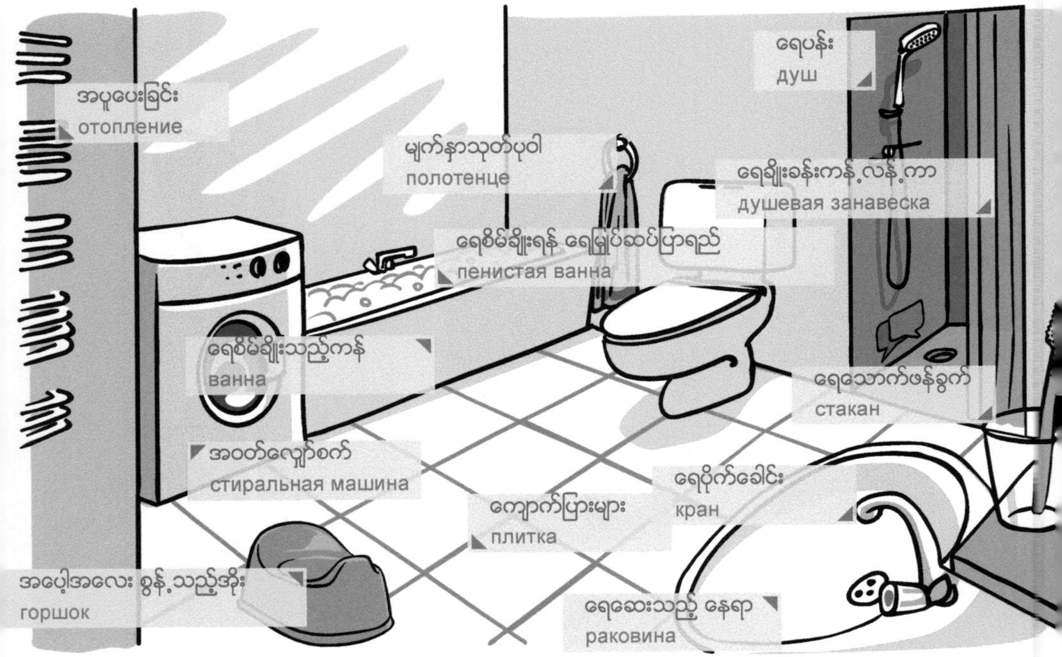
ရေပန်း
душ
အပူပေးခြင်း
отопление
မျက်နှာသုတ်ပုဝါ
полотенце
ရေချိုးခန်းကန့်လန့်ကာ
душевая занавеска
ရေစိမ်ချိုးရန် ရေမြှုပ်ဆပ်ပြာရည်
пенистая ванна
ရေစိမ်ချိုးသည့်ကန်
ванна
ရေသောက်ဖန်ခွက်
стакан
အဝတ်လျှော်စက်
стиральная машина
ရေပိုက်ခေါင်း
кран
ကျောက်ပြားများ
плитка
အပေါ့အလေး စွန့်သည့်အိုး
горшок
ရေဆေးသည့် နေရာ
раковина

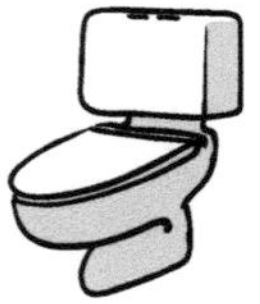

အိမ်သာ

туалет

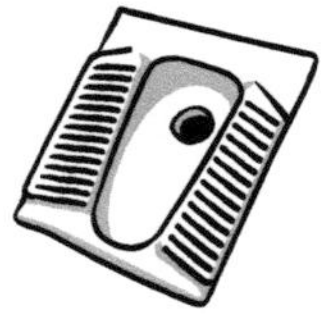

ဆောင့်ကြောင့်ထိုင်ရသည့် အိမ်သာ

напольный унитаз

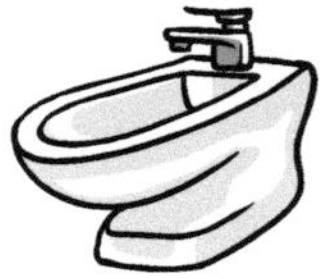

အမျိုးသမီးသုံး အောက်ပိုင်းဆေးသည့် ကမုတ်

биде

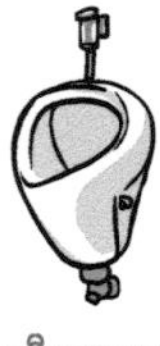

အမျိုးသား ဆီးသွားသည့်ကမုတ်

писсуар

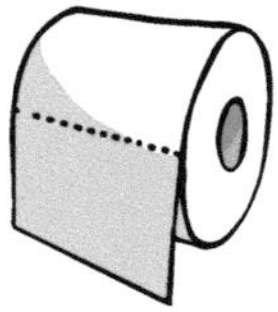

အိမ်သာသုံး စက္ကူ

туалетная бумага

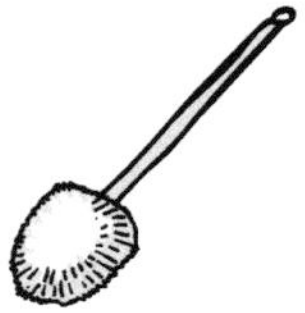

အိမ်သာတိုက် ဘရပ်ရှ်

ершик

သွားတိုက်တံ

зубная щетка

သွားတိုက်ဆေး

зубная паста

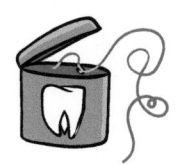

သွား ချေးထုတ်သည့် ကြိုး

зубная нить

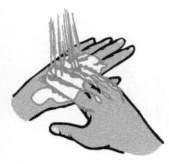

ဆေးကြောသည်

мыть

လက်ကိုင် ရေပန်း

ручной душ

ရေပန်းဖြင့်ရေချိုးခြင်း

интимный душ

ရေအင်တုံ

таз

နောက်ကျော ချေးတွန်းသည့် ဘရပ်ရှ်

щетка для спины

ဆပ်ပြာ

мыло

ရေချိုးဆပ်ပြာရည်

гель для душа

ခေါင်းလျှော်ရည်

шампунь

ဖလန်နယ်စ

мочалка

ရေထွက်ပေါက်

сток

ခရင်မ်

крем

ဒီအော်ဒရန့် ခေါ် ကိုယ်လိမ်းအမွှေးနံ့သာ

дезодорант

မှန်

зеркало

လက်ကိုင်မှန်

ручное зеркало

မုတ်ဆိတ်ရိတ်တံ

бритва

မုတ်ဆိတ်ရိတ်ရန် အမြှုပ်

пена для бритья

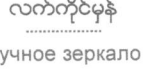

မုတ်ဆိတ်ရိတ်ပြီး
လိမ်းသည့်အမွှေးနံ့သာ

лосьон после бритья

ခေါင်းဘီး

расческа

ဘရပ်ရှ်

щетка

ဆံပင်ခြောက်စက်

фен

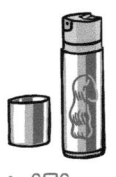

ဆံပင်ဖြန်းဆေး

лак для волос

မိတ်ကပ်

косметика

နှုတ်ခမ်းဆိုးဆေး

губная помада

လက်သည်းဆိုးဆေး

лак для ногтей

ဂွမ်းလုံး

вата

လက်သည်းညှပ် ကပ်ကြေး

маникюрные ножницы

ရေမွှေး

духи

ရေချိုးခန်းသုံး အိတ်

косметичка

ခွေးခြေ

табуретка

ကိုယ်အလေးချိန်တိုင်းသည့်စက်

весы

ရေချိုးပြီး ဝတ်သည့်ဝတ်ရုံ

халат

ရာဘာ လက်အိတ်များ

резиновые перчатки

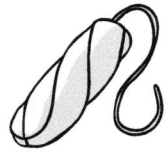

တန်ပွန် ခေါ် ဓမ္မတာလာစဉ် မိန်း
မကိုယ်တွင်းထည့်သည့်အရာ

тампон

အမျိုးသမီး လစဉ်သုံးပုဝါစ

гигиеническая прокладка

ဓာတုပစ္စည်းထည့်သုံးသည့်
အိမ်သာ

биотуалет

ကလေး အခန်း

детская комната

နှိုးစက်
будильник
ဖက်အိပ်သည့်အရုပ်
мягкая игрушка
အရုပ်ကား
игрушечный автомобиль
ခလောက်
погремушка
အရုပ်မအိမ်
кукольный домик
လက်ဆောင်
подарок

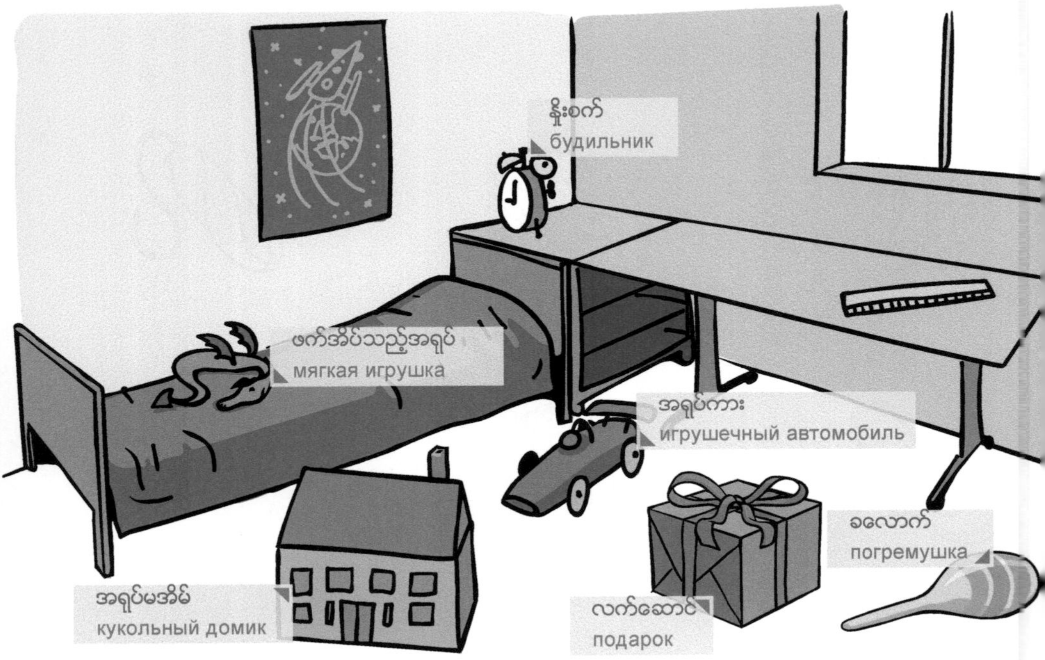

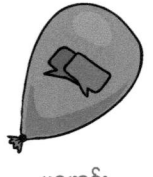

ပူဖောင်း

воздушный шар

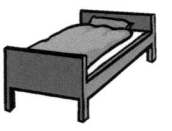

အိပ်ယာ

кровать

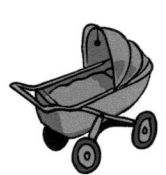

ကလေးတွန်းလှည်း

детская коляска

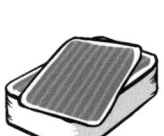

ကစားသည့်ကတ်ထုပ်

карточная игра

ဂျစ်ဆော ခေါ်
ဆက်၍ကစားသည့်
အပိုင်းအစများ

пазл

SUPER
MEGA

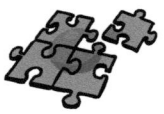

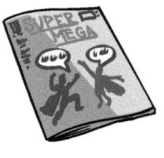

ရုပ်ပြစာအုပ်

комикс

ဆောက်၍ကစားသည့် လေဂို
အတုံးများ

кирпичики Лего

ဆောက်၍ကစားသည့်
အတုံးများ
кубики

လှုပ်ရှားလုပ်ကိုင်သူ

игрушечная фигурка

ဘေဘီဂရိုး

ползунки

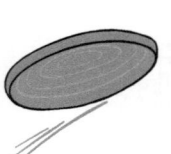

ဖရစ်ဘီး ခေါ် ပစ်၍ ကစားသည့်
အပြား
фрисби

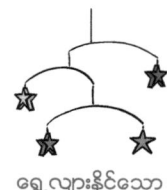

ရွှေ့လျားနိုင်သော

мобиле

ထုတ်ပြားပေါ် တွင် ကစားနည်း

настольная игра

အံစာတုံး

кубик

ကစားစရာ ရထား အစုံမော်ဒယ်

модель железной дороги

အရုပ်

соска

ပါတီ

вечеринка

ရုပ်ပြစာအုပ်

книга с картинками

ဘောလုံး

мяч

အရုပ်မ

кукла

ကစားသည်

играть

ကစားသည့် သဲပုံး

песочница

ဒန်း

качели

အရုပ်များ

игрушка

ဗွီဒီယိုဂိမ်းကစားသည့် စက်

игровая приставка

သုံးဘီး စက်ဘီး

трёхколесный велосипед

တက်ဒီ ဝက်ဝံရုပ်

плюшевый медвежонок

အဝတ်ဗီရို

шкаф для одежды

အဝတ်အစား

одежда

ခြေအိတ်များ

носки

အမျိုးသမီးဝတ် ခြေအိတ်ရှည်

чулки

အမျိုးသမီး ခြေအိတ်အကြပ်

колготки

ပုဝါ
шарф

ခါးပတ်
ремень

ထီး
зонтик

တီရှပ်
футболка

အားကစားဖိနပ်များ
кроссовки

ဘွတ်ဖိနပ်များ
сапоги

ခြေညှပ်ဖိနပ်များ
тапки

ခြေစွပ် နောက်ပိတ်ဖိနပ်
....
сандалии

ရှူးဖိနပ်များ
....
ботинки

ရာဘာ ဘွတ်ဖိနပ်များ
....
резиновые сапоги

အောက်ခံ အဝတ်များ
....
трусы

ဘရာဇီယာ
....
бюстгальтер

အပေါ်ထပ် လက်ပြတ်အကျႆ
....
майка

ကိုယ်ခန္ဓာ

боди

ဘောင်းဘီရှည်

брюки

ဂျင်းဘောင်းဘီ

джинсы

စကပ်

юбка

ဘလောက်စ်အကျႌ

блузка

ရှပ်အကျႌ

рубашка

ခေါင်းစွပ်အကျႌ

свитер

ခေါင်းစွပ်ပါ အကျႌ

свитер

ဘလေဇာကုတ်အကျႌ

спортивная куртка

ဂျက်ကက်အကျႌ

жакет

ကုတ်အကျႌ

пальто

မိုးကာ ကုတ်အကျႌ

плащ

ဝတ်စုံ

костюм

ဂါဝန်

платье

လက်ထပ် ဝတ်စုံ

свадебное платье

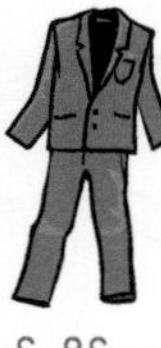

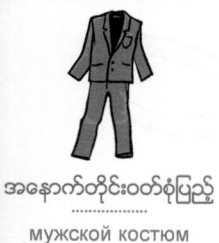

အနောက်တိုင်းဝတ်စုံပြည့်
....
мужской костюм

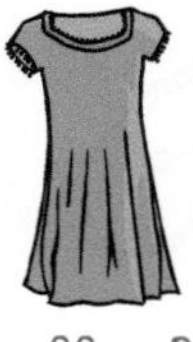

ညအိပ်အင်္ကျီ
....
ночная сорочка

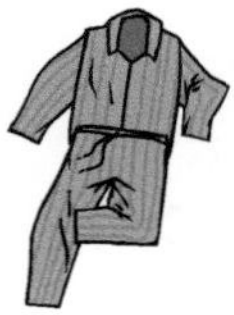

ညအိတ်ဝတ်စုံ
....
пижама

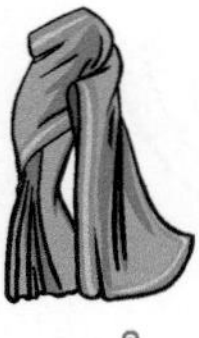

ဆာရီ
....
сари

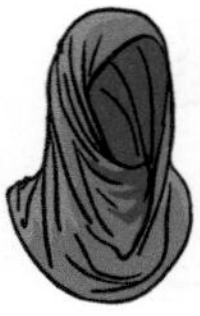

ခေါင်းအုပ်ပုဝါ
....
платок

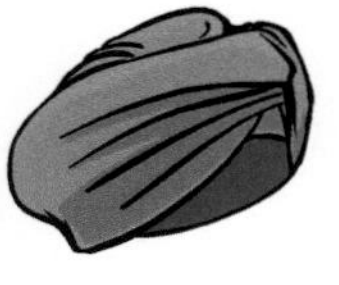

တာဘန် ခေါ် ခေါင်းပေါင်း
....
тюрбан

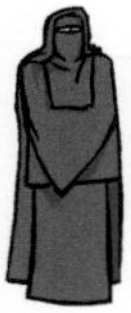

ဘာကာခေါ်
အမျိုးသမီးခေါင်းအုပ်
....
паранджа

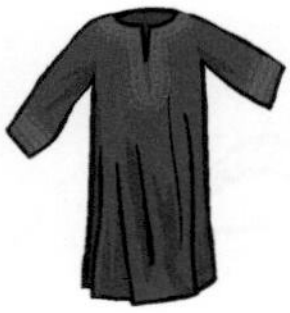

ကာ့ဖ်တန် ခေါ်
အမျိုးသားဝတ်ဘောင်းဘီ
....
кафтан

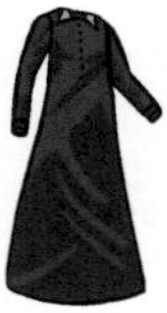

အဘာယာ ခေါ် မွတ်ဆလင်
အမျိုးသမီးဝတ်အင်္ကျီ
....
абайя

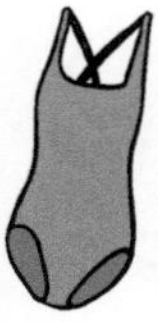

ရေကူးဝတ်စုံ
....
купальник

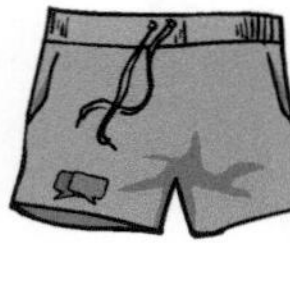

အဝတ်သေတ္တာ
....
плавки

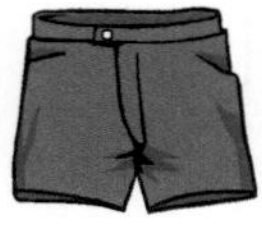

ဘောင်းဘီတို
....
шорты

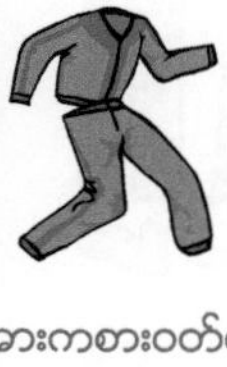

အားကစားဝတ်စုံ
....
спортивный костюм

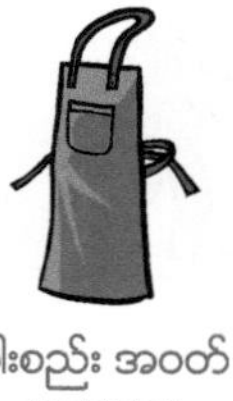

ခါးစည်း အဝတ်
....
фартук

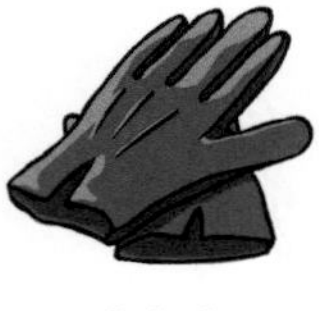

လက်အိတ်များ
....
перчатки

ကြယ်သီး

пуговица

မျက်မှန်

очки

လက်ကောက်

браслет

လည်ဆွဲ

цепочка

လက်စွပ်

кольцо

နားကပ်

серьга

ခေါင်းဆောင်း ဦးထုပ်

шапка

ကုတ်အကျီ ချိတ်

вешалка

ဦးထုပ်

шляпа

နက်တိုင်

галстук

ဇစ်

застежка молния

ဟဲလ်မက်ခေါ် ခေါင်းဆောင်း

шлем

သွားထိန်းများ

подтяжки

ကျောင်းဝတ်စုံ

школьная форма

ယူနီဖောင်းဝတ်စုံ

форма

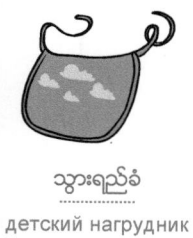

သွားရည်ခံ

детский нагрудник

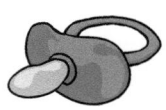

အရုပ်

соска

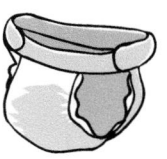

ကလေးအနှီး

подгузник

ရုံးခန်း

офис

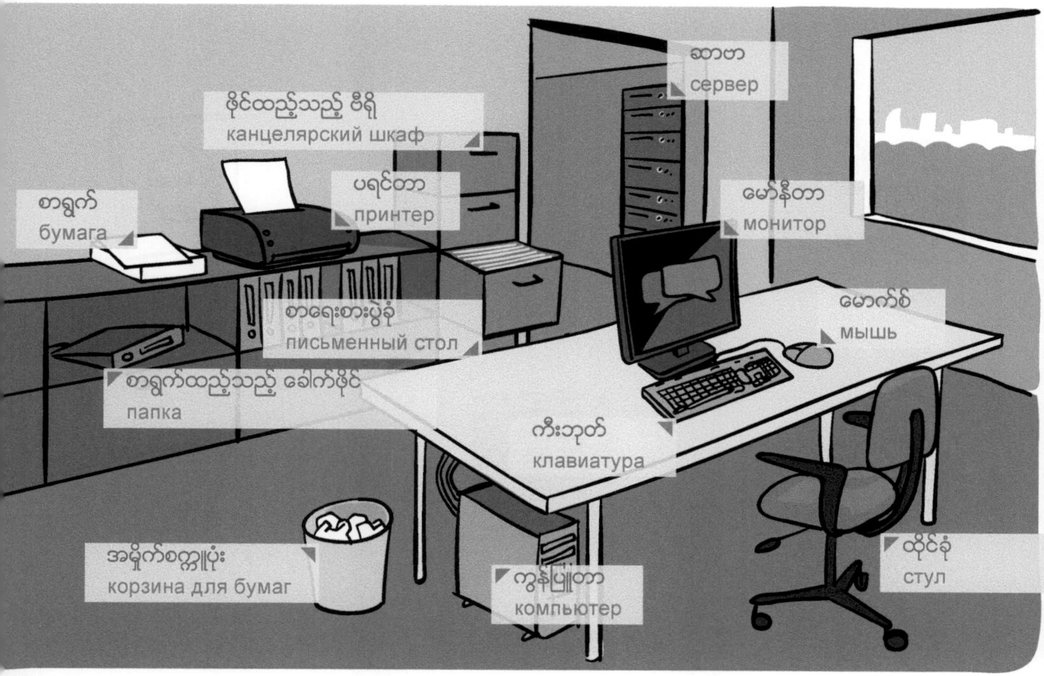

ဆာဗာ
сервер
ဖိုင်ထည့်သည့် ဗီရို
канцелярский шкаф
ပရင်တာ
принтер
စာရွက်
бумага
မော်နီတာ
монитор
မောက်စ်
мышь
စာရေးစားပွဲခုံ
письменный стол
စာရွက်ထည့်သည့် ခေါက်ဖိုင်
папка
ကီးဘုတ်
клавиатура
အမှိုက်စက္ကူပုံး
корзина для бумаг
ကွန်ပြူတာ
компьютер
ထိုင်ခုံ
стул

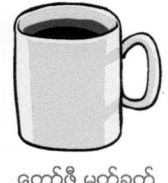

ကော်ဖီ မတ်ခွက်

кофейная кружка

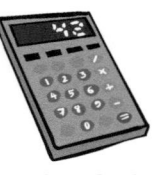

ဂဏန်းတွက်စက်

калькулятор

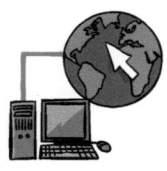

အင်တာနက်

интернет

ပေါင်ပေါ်တင်ရိုက်နိုင်သည့်
ကွန်ပျူတာ

ноутбук

စာ

письмо

မက်ဆေ့ချ်

сообщение

မိုဘိုင်းဖုန်း

мобильный телефон

ကွန်ရက်

сеть

မိတ္တူကူးစက်

ксерокс

ဆော့ဖ်ဝဲရ်

программа

တယ်လီဖုန်း

телефон

ပလပ်ပေါက်

розетка

ဖက်စ်ပို့သည့်စက်

факс

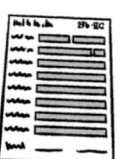

ပုံစံ

формуляр

စာရွက်စာတမ်း

документ

50

ရုံးခန်း - офис

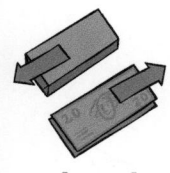

ဝယ်ယူသည်

покупать

ပေးအပ်သည်

платить

ကုန်သွယ်သည်

торговать

ပိုက်ဆံ

деньги

ဒေါ်လာ

доллар

ယူရိုငွေ

евро

ယန်းငွေ

иена

ရူဘယ်ငွေ

рубль

ဆွစ်ဇာလန်နိုင်ငံသုံးငွေ

франк

ရမ်မင်ဘီ ယွမ်

жэньминьби юань

ရူပီး

рупия

ငွေချေသည့်နေရာ

банкомат

ငွေလဲဌာန

пункт обмена валюты

ရွှေ

золото

ငွေ

серебро

ဆီ

нефть

စွမ်းအင်

энергия

ဈေးနှုန်း

цена

စာချုပ်

договор

အခွန်

налог

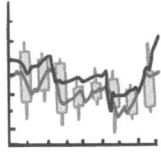

စတော့ဈေးကွက်

акция

အလုပ်လုပ်သည်

работать

ဝန်ထမ်း

служащий

အလုပ်ရှင်

работодатель

စက်ရုံ

фабрика

ဆိုင်

магазин

အလုပ်အကိုင်များ

профессии

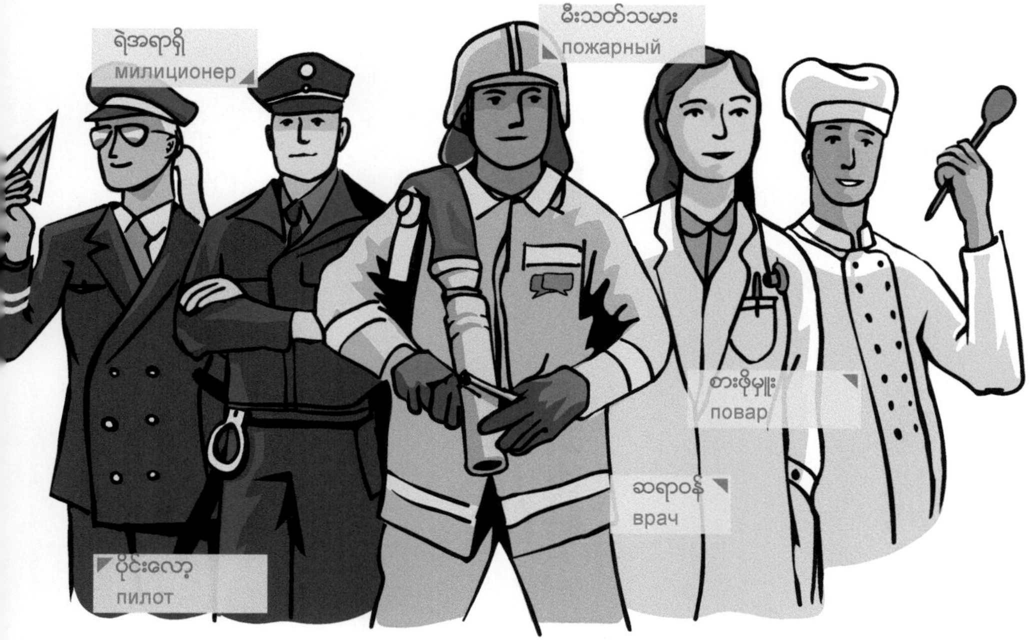

ရဲအရာရှိ
милиционер
မီးသတ်သမား
пожарный
စားဖိုမှူး
повар
ဆရာဝန်
врач
ပိုင်းလော့
пилот

မာလီ

садовник

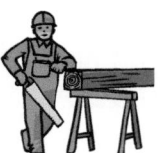

လက်သမား

столяр

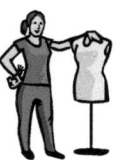

စက်ချုပ်သူ

швея

တရားသူကြီး

судья

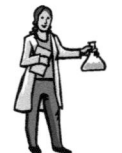

ဓာတုဗေဒပညာရှင်

химик

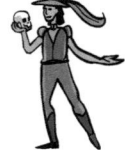

သရုပ်ဆောင်

актёр

ဘတ်စ်ကားမောင်းသမား

водитель автобуса

တက်စီမောင်းသူ

таксист

ငါးဖမ်းသမား

рыбак

သန့်ရှင်းရေး အလုပ်သမ

уборщица

အမိုးပြင်သူ

кровельщик

စားပွဲထိုး

официант

အမဲလိုက်မုဆိုး

охотник

ဆေးသုတ်သမား သို့မဟုတ်
ပန်းချီဆရာ

художник

မုန့်ဖုတ်သမား

пекарь

လျှပ်စစ်ပညာရှင်

электрик

ဆောက်လုပ်ရေးသမား

строитель

အင်ဂျင်နီယာ

инженер

သားသတ်သမား

мясник

ပိုက်ဆက်ဆရာ

сантехник

စာပို့သမား

почтальон

စစ်သား

солдат

ဗိသုကာပညာရှင်

архитектор

ငွေကိုင်

кассир

ပန်းပညာရှင်

флорист

ဆံပင်အလှပြင်သူ

парикмахер

လက်မှတ်စစ်

кондуктор

စက်ပြင်ဆရာ

механик

ကပ္ပတန်

капитан

သွားဘက်ဆိုင်ရာ ဆရာဝန်

зубной врач

သိပ္ပံပညာရှင်

ученый

ရာဘိုင်

раввин

မွတ်ဆလင် တရားဟောဆရာ

имам

ဘုန်းကြီး

монах

တရားဟောဆရာ

священник

ကိရိယာ တန်ဆာပလာများ

инструменты

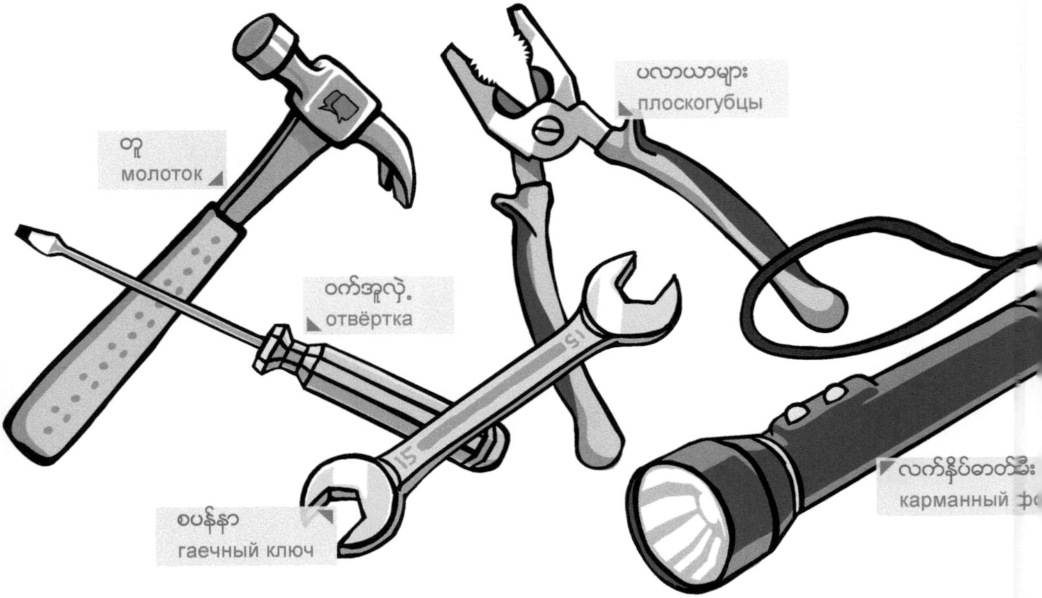

တူ
молоток
ပလာယာများ
плоскогубцы
ဝက်အူလှဲ့
отвёртка
စပန်နာ
гаечный ключ
လက်နှိပ်ဓာတ်မီး
карманный фо

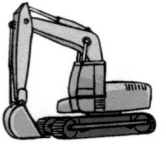

မြေတူးစက်

экскаватор

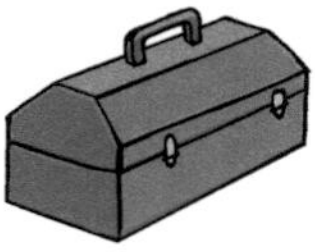

လက်သမားသုံးကိရိယာ သေတ္တာ

ящик для инструментов

လှေကား

стремянка

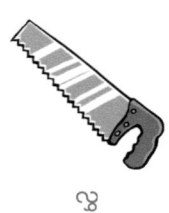

လွှ

пила

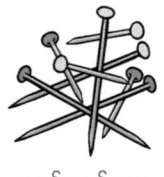

လက်သည်းများ

гвозди

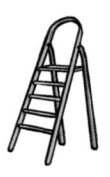

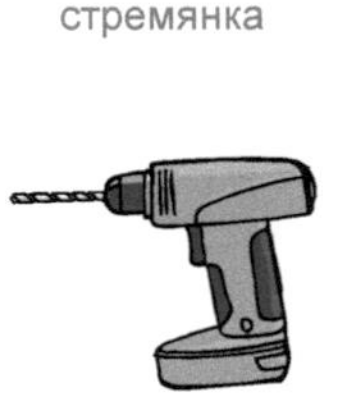

အပေါက်ဖောက်စက်

дрель

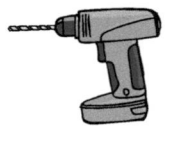

ပြင်ဆင်သည်

ремонтировать

ဝေါ်ပြား

лопата

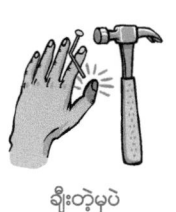

ချိုးတဲ့မုပဲ

Блин!

ဖုန်ကျုံးသည့် ဝေါ်ပြား

совок

ဆေးရောင်အိုး

ведро с краской

ဝက်အူများ

винты

ဂီတတူရိယာများ

музыкальные инструменты

ဒရမ် အစုံ
ударный инструмент

အသံချဲ့စက်
громкоговоритель

ဂီတာ
гитара

နှစ်ထပ် ဘေ့စ်ဂီတာ
контрабас

တံပိုး တူရိယာ
труба

စန္တယား

пианино

တယော

скрипка

ဘော့စ်ဂီတာ

бас-гитара

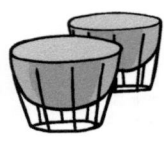

နားစည်အမွေးပါး

литавры

ဒရမ်များ

барабан

ကီးဘုတ် တူရိယာ

синтезатор

ဆက်ဆိုဖုန်း ခေါ်
လေမှုတ်တူရိယာ

саксофон

ပုလွေ

флейта

စကားပြောစက်

микрофон

ဂီတတူရိယာများ - музыкальные инструменты

ကျား
тигр

ဝင်ပေါက်
вход

လှောင်အိမ်
клетка

မြင်းကျား
зебра

တိရိစ္ဆာန် အစားအစာ
корм

ပင်ဒါ ဝက်ဝံ
панда

တိရိစ္ဆာန်များ

животные

ဆင်

слон

သားပိုက်ကောင်

кенгуру

ကြံ့

носорог

ဂေါ်ရီလာမျောက်

горилла

ဝက်ဝံ

медведь

ကုလားအုတ်

верблюд

ငှက်ကုလားအုတ်

страус

ခြင်္ဘေ့

лев

မျောက်

обезьяна

ဖလန်မင်းဂိုးငှက်

фламинго

ကြက်တူရွေး

попугай

ဝိုလာဝက်ဝံ

белый медведь

ပင်ဂွင်းငှက်

пингвин

ငါးမန်း

акула

ဥဒေါင်းငှက်

павлин

မြွေ

змея

မိချောင်း

крокодил

တိရစ္ဆာန်ရုံ့ ထိန်းသိမ်းသူ

служитель зоопарка

ဖျံ

тюлень

ကျားသစ်

ягуар

တိရစ္ဆာန်ရုံ - зоопарк

ပိုနီမြင်း

пони

ကျားသစ်

леопард

ရေမြင်း

бегемот

သစ်ကုလားအုတ်

жираф

သိန်းငှက်

орёл

တောဝက်

кабан

ငါး

рыба

လိပ်

черепаха

ပင်လယ်ဖျံကြီး

морж

မြေခွေး

лиса

ဦးချိုပါ သမင်ညိုတစ်မျိုး

газель

အမေရိကန် ဖွတ်ဘော
американский футбол

စက်ဘီးစီးခြင်း
езда на велосипеде

တင်းနစ်ရိုက်ခြင်း
теннис

ဘတ်စကက်ဘော
баскетбол

ရေကူးခြင်း
плавание

လက်ေ၀ွ.
бокс

ရေခဲပြင် ဟော်ကီ
хоккей

ဘောလုံးကန်ခြင်း
футбол

ကြက်တောင်ရိုက်ခြင်း
бадминтон

ကိုယ်လက်လှုပ်ရှား
အားကစားများ
лёгкая атлетика

ဟန်းဒ်ဘော ခေါ် လက်ပစ်ဘော
гандбол

နှင်းလျှောစီးခြင်း
лыжный спорт

ပိုလို
поло

လှုပ်ရှားမှုများ
действия

ရယ်မောသည်
смеяться
ခုန်သည်
прыгать
ပွေ့ဖက်သည်
обнимать
လမ်းလျှောက်သည်
идти
သီချင်းဆိုသည်
петь
အိပ်မက်သည်
мечтать
ဆုတောင်းသည်
молиться
နမ်းရှုပ်သည်
целовать

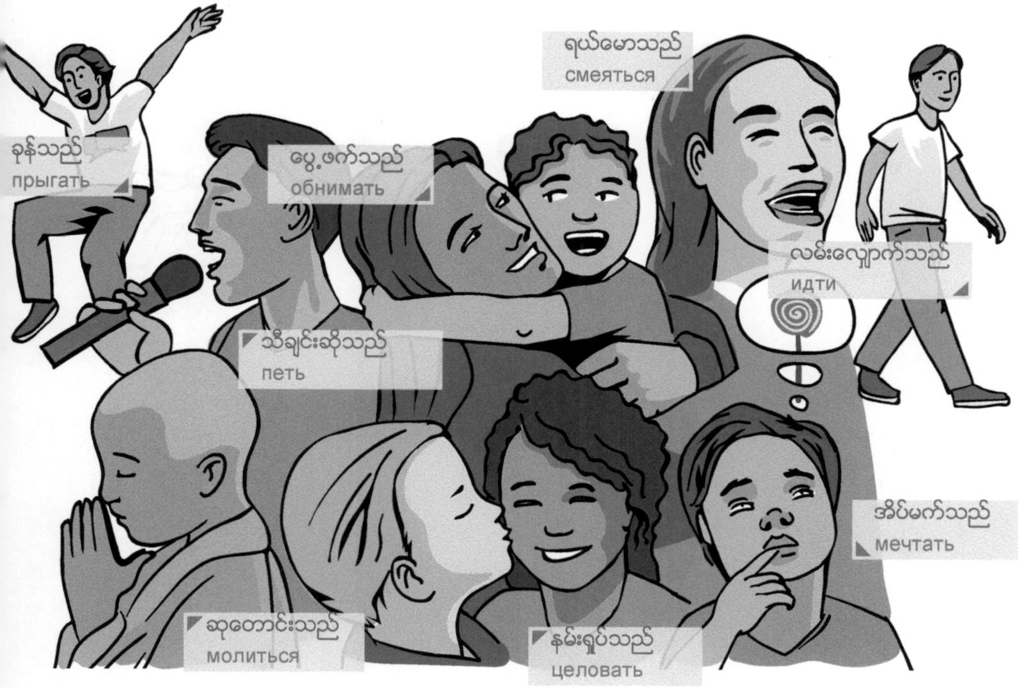

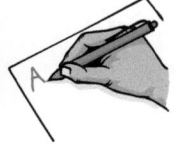

စာရေးသည်
писать

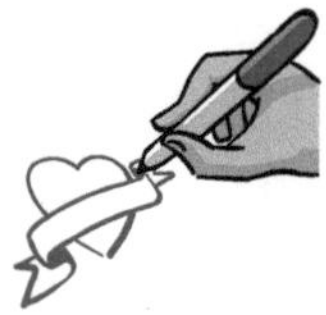

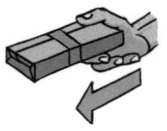

ရေးဆွဲသည်
рисовать

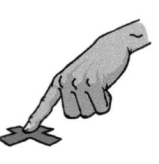

ပြသသည်
показывать

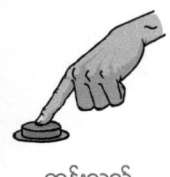

တွန်းသည်
нажимать

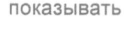

ပေးသည်
давать

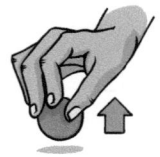

ယူသည်
брать

ရှိသည်

иметь

ပြုလုပ်သည်

делать

ဖြစ်သည်

быть

မတ်တပ်ရပ်သည်

стоять

ပြေးသည်

бежать

ဆွဲသည်

тянуть

ပစ်သည်

бросать

လဲကျသည်

падать

လိမ်လည်သည်

лежать

စောင့်ဆိုင်းသည်

ждать

သယ်ဆောင်သည်

носить

ထိုင်သည်

сидеть

အဝတ်အစားဝတ်သည်

надевать

အိပ်သည်

спать

အိပ်ယာမှ ထသည်

просыпаться

တစ်ခုခုကို ကြည့်ရှုသည်

рассматривать

ငိုသည်

плакать

ပွတ်သပ်သည်

гладить

ဘီးဖီးသည်

причесывать

စကားပြောသည်

говорить

နားလည်သည်

понимать

မေးသည်

спрашивать

နားထောင်သည်

слушать

သောက်သည်

пить

စားသည်

кушать

သပ်ရပ်အောင်လုပ်သည်

наводить порядок

ချစ်သည်

любить

ချက်ပြုတ်သည်

готовить

မောင်းသည်

ехать

ပျံသန်းသည်

летать

ရွက်လွင့်သည်

ходить под парусом

တွက်ပါ

считать

ဖတ်သည်

читать

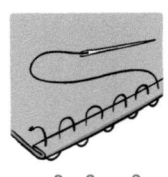

သင်ယူသည်

учиться

အလုပ်လုပ်သည်

работать

လက်ထပ်သည်

вступать в брак

အပ်ချုပ်သည်

шить

သွားတိုက်သည်

чистить зубы

သတ်သည်

убивать

ဆေးလိပ်သောက်သည်

курить

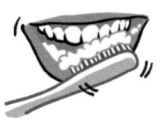

ပို့သည်

отправлять

မိသားစု

семья

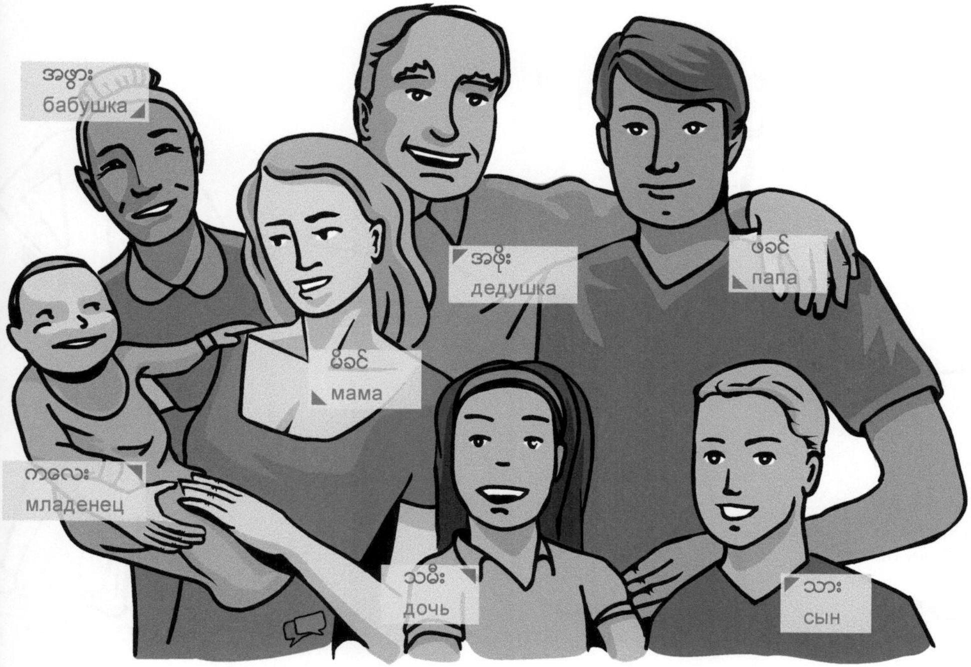

အဖွား
бабушка
အဖိုး
дедушка
ဖခင်
папа
မိခင်
мама
ကလေး
младенец
သမီး
дочь
သား
сын

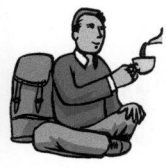

ဧည့်သည်

гость

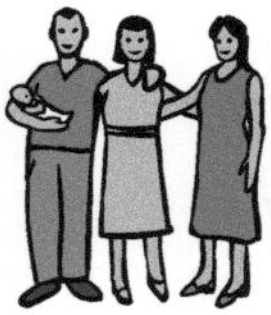

အဒေါ်

тетя

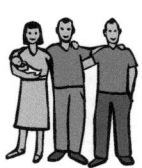

ဦးလေး

дядя

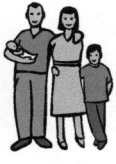

အစ်ကို

брат

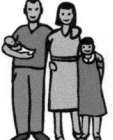

အစ်မ

сестра

ကိုယ်ခန္ဓာ

тело

နဖူး
лоб
မျက်လုံး
глаз
ပုခုံး
плечо
လက်ချောင်း
палец
မျက်နှာ
лицо
မေးစေ့
подбородок
လက်
кисть
ခြေသလုံး
нога
ရင်သား
грудь
လက်မောင်း
рука

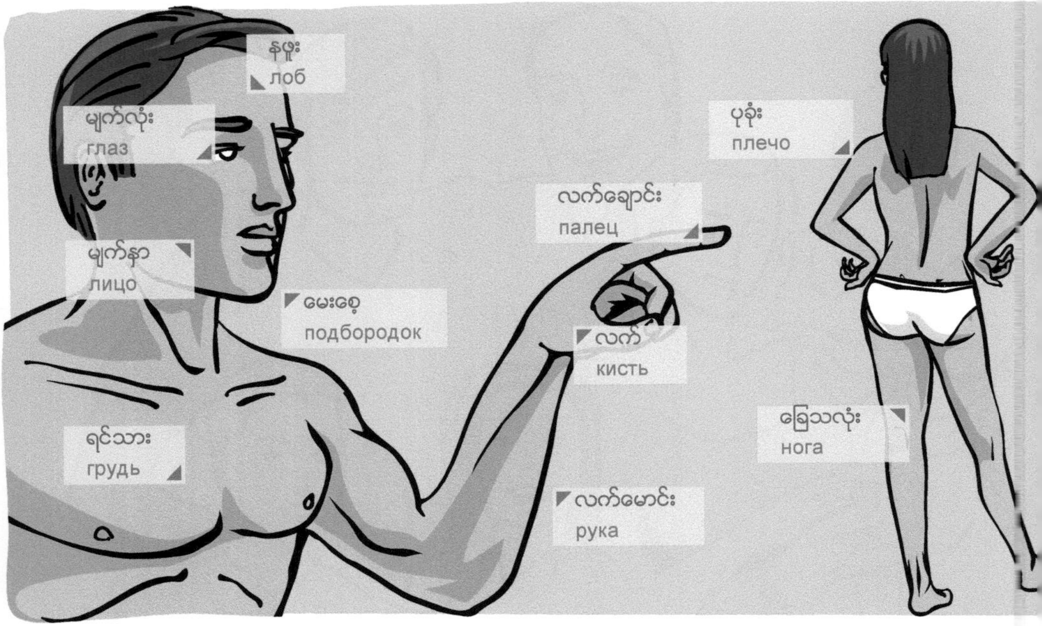

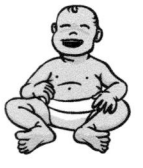

ကလေး

младенец

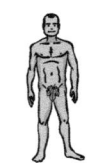

ယောကျ်ားကြီး

мужчина

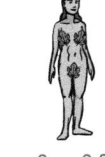

အမျိုးသမီးကြီး

женщина

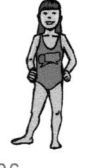

မိန်းကလေး

девочка

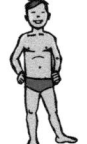

ယောကျ်ားလေး

мальчик

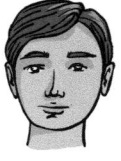

ဦးခေါင်း

голова

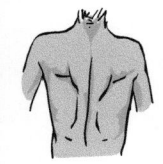

နောက်ကျော

спина

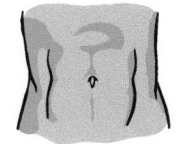

ဗိုက်

живот

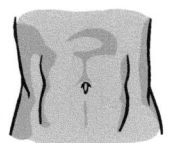

ချက်

пупок

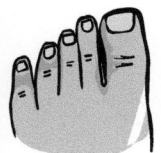

ခြေချောင်း

палец ноги

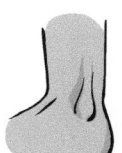

ဖနောင့်

пятка

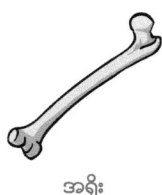

အရိုး

кость

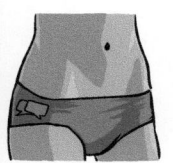

တင်ရိုး

бедро

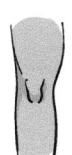

ဒူးခေါင်း

колено

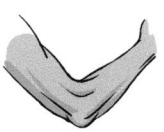

တံတောင်ဆစ်

локоть

နှာခေါင်း

нос

တင်ပါး

ягодицы

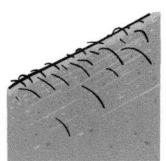

အရေပြား

кожа

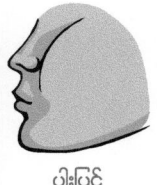

ပါးပြင်

щека

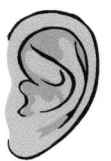

နား

ухо

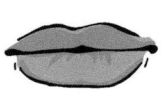

နှုတ်ခမ်း

губа

ပါးစပ်

рот

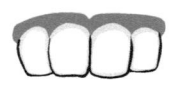

သွား

зуб

လျှာ

язык

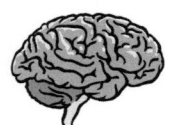

ဦးနှောက်

мозг

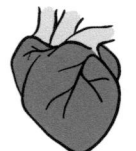

နှလုံး

сердце

ကြွက်သား

мышца

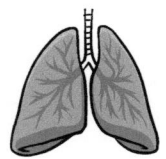

အဆုတ်

лёгкое

အသည်း

печень

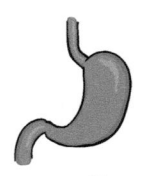

အစာအိမ်

желудок

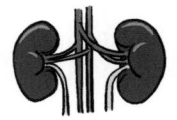

ကျောက်ကပ်များ

почки

လိင်

половой акт

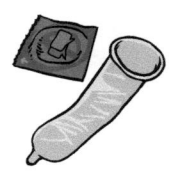

ကွန်ဒုံး

презерватив

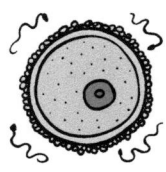

သားဥ

яйцеклетка

သုတ်ရည်

сперма

ကိုယ်ဝန်

беременность

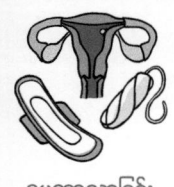

ဓမ္မတာလာခြင်း
менструация

မိန်းမကိုယ်
вагина

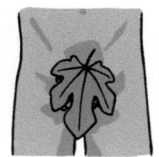

လိင်တံ
пенис

မျက်ခုံး
бровь

ဆံပင်
волосы

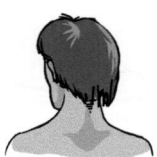

လည်ပင်း
шея

ဆေးရုံ

больница

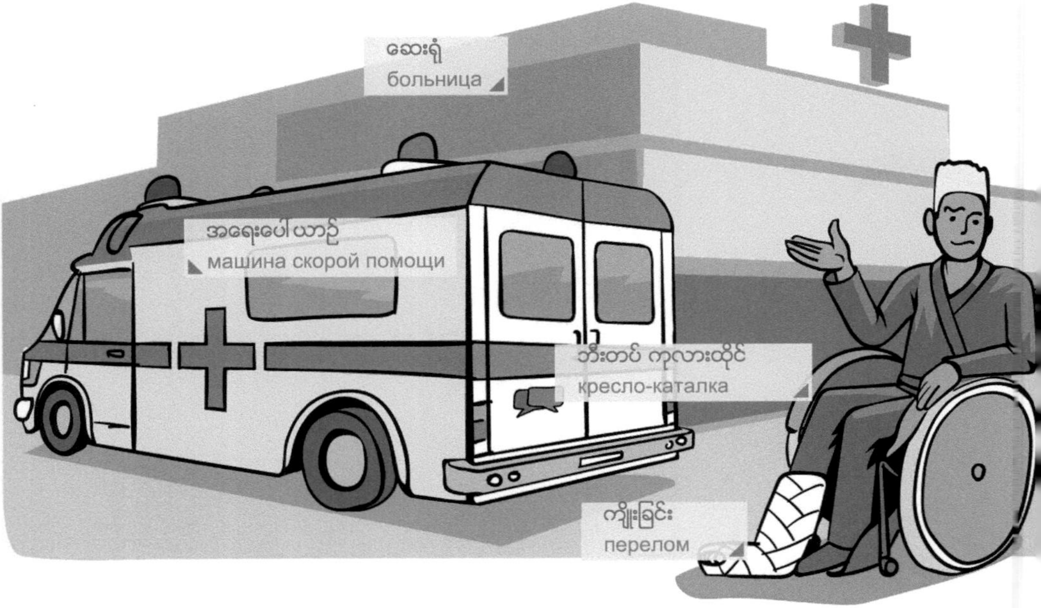

ဆေးရုံ
больница
အရေးပေါ်ယာဉ်
машина скорой помощи
ဘီးတပ် ကုလားထိုင်
кресло-каталка
ကျိုးခြင်း
перелом

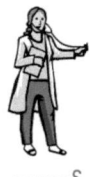

ဆရာဝန်

врач

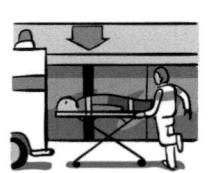

အရေးပေါ် ဆေးကုသခန်း

пункт первой помощи

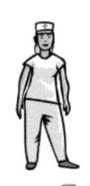

သူနာပြု

медсестра

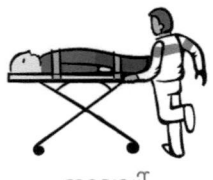

အရေးပေါ်

неотложный случай

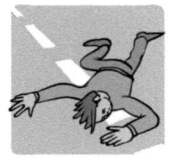

သတိလစ်ခြင်း

без сознания

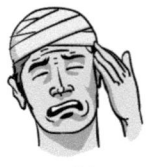

နာခြင်း

боль

ဒဏ်ရာ

повреждение

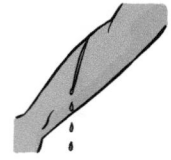

သွေးယိုထွက်ခြင်း

кровотечение

နလုံးရပ်ခြင်း

инфаркт

လေဖြတ်ခြင်း

инсульт

ဓာတ်မတည့်ခြင်း

аллергия

ချောင်းဆိုးခြင်း

кашель

အဖျား

вышенная температура

တုပ်ကွေးရောဂါ

грипп

ဝမ်းပျက်ဝမ်းလျှောခြင်း

понос

ခေါင်းကိုက်ခြင်း

головная боль

ကင်ဆာရောဂါ

рак

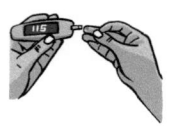

ဆီးချိုရောဂါ

диабет

ခွဲစိတ်ဆရာဝန်

хирург

ခွဲစိတ်ခန်းသုံးဓါးပါး

скальпель

ခွဲစိတ်ခြင်း

операция

စီတီ

КТ

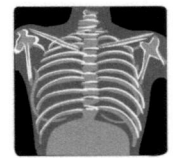

ဓာတ်မှန်

рентген

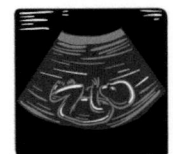

အာထရာဆောင်း

ультразвук

မျက်နှာဖုံး

маска

ရောဂါ

болезнь

စောင့်ဆိုင်းရန် အခန်း

приёмная

ချိုင်းထောက်

костыль

ပလာစတာ

пластырь

ပတ်တီး

бинт

ထိုးဆေး

укол

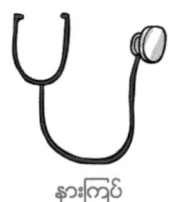

နားကြပ်

стетоскоп

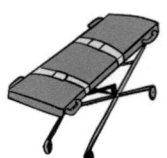

လူနာတင်ထမ်းစင်

носилки

ကာရေးပိုင်းသုံး
အပူချိန်တိုင်းသာမိုမီတာ

термометр

မွေးဖွားခြင်း

рождение

အဝလွန်ခြင်း

избыточный вес

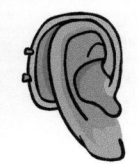

နားကြားကိရိယာ

слуховой аппарат

ပိုးသတ်ဆေး

дезинфекционное
средство

ရောဂါကူးစက်ခြင်း

инфекция

ဗိုင်းရပ်စ်ပိုး

вирус

အိတ်ချ်အိုင်ဗွီ /
အေအိုင်ဒီအက်စ်

ВИЧ / СПИД

ဆေးဝါး

лекарство

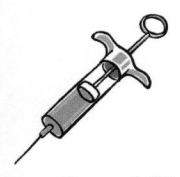

ကာကွယ်ဆေးထိုးခြင်း

прививка

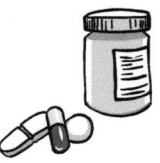

ဆေးလုံးများ

таблетки

ဆေးလုံး

противозачаточная
таблетка

အရေးပေါ် ဖုန်းခေါ် ဆိုမှု

экстренный вызов

သွေးဖိအား စောင့်ကြည့်သည့်
ကိရိယာ

прибор для измерения
кровяного давления

နာမကျန်းသော / ကျန်းမာသော

больной / здоровый

ကူညီကြပါ။

Помогите!

အရေးပေါ် ခေါင်းလောင်း

сигнал тревоги

ရိုက်နက်သည်

нападение

တိုက်ခိုက်သည်

атака

အန္တရာယ်

опасность

အရေးပေါ် ထွက်ပေါက်

запасной выход

မီး။

Пожар!

မီးသတ်ပူး

огнетушитель

မတော်တဆဖြစ်ရပ်

несчастный случай

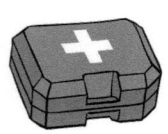

ကြက်ခြေနီ ဆေးပုံး

аптечка

အက်စ်အိုအက်စ်

SOS

ရဲ

милиция

ဥရောပတိုက်

Европа

မြောက်အမေရိကတိုက်

Северная Америка

တောင်အမေရိကတိုက်

Южная Америка

အာဖရိကတိုက်

Африка

အာရှတိုက်

Азия

သြစတြေးလျတိုက်

Австралия

အတ္တလန္တိတ် သမုဒ္ဒရာ

Атлантический океан

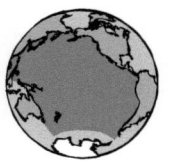

ပစိဖိတ် သမုဒ္ဒရာ

Тихий океан

အိန္ဒိယ သမုဒ္ဒရာ

Индийский океан

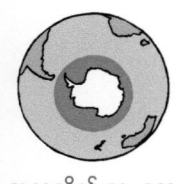

အန္တာတိတ် သမုဒ္ဒရာ

Антарктический океан

အာတိတ် သမုဒ္ဒရာ

Северный Ледовитый океан

မြောက်ဝင်ရိုးစွန်း

Северный полюс

တောင်ဝင်ရိုးစွန်း

Южный полюс

အန္တာတိကတိုက်

Антарктика

ကမ္ဘာမြေကြီး

земля

ကုန်းမြေ

суша

ပင်လယ်

море

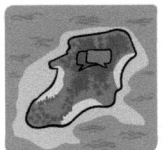

ကျွန်း

остров

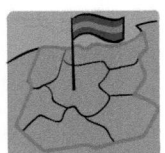

နိုင်ငံကူးလက်မှတ်

нация

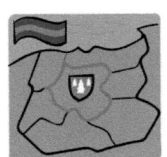

ပြည်နယ်

государство

နာရီမျက်နှာပြင်

циферблат

နာရီလက်တံ

часовая стрелка

မိနစ်လက်တံ

минутная стрелка

ဒုတိယလက်တံ

секундная стрелка

ဘယ်အချိန်ရှိပြီလဲ။

Который час?

ရက်

день

အချိန်

время

ယခု

сейчас

ဒစ်ဂျစ်တယ် လက်ပတ်နာရီ

электронные часы

မိနစ်

минута

နာရီ

час

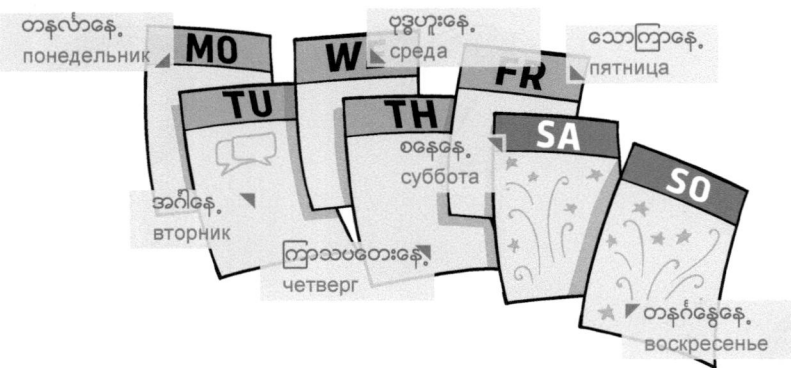

တနင်္လာနေ့ понедельник — **MO**

ဗုဒ္ဓဟူးနေ့ среда — **W**

သောကြာနေ့ пятница — **FR**

TU

စနေနေ့ суббота — **TH**

SA

အင်္ဂါနေ့ вторник

ကြာသပတေးနေ့ четверг

SO

တနင်္ဂနွေနေ့ воскресенье

မနေ့က

вчера

ယနေ့

сегодня

မနက်ဖြန်

завтра

မနက်

утро

နေ့လည်

полдень

ညနေ

вечер

MO	TU	WE	TH	FR	SA	SU
1	2	3	4	5	6	7
8	9	10	11	12	13	14
15	16	17	18	19	20	21
22	23	24	25	26	27	28
29	30	31	1	2	3	4

အလုပ်လုပ်ရက်များ

рабочие дни

MO	TU	WE	TH	FR	SA	SU
1	2	3	4	5	6	7
8	9	10	11	12	13	14
15	16	17	18	19	20	21
22	23	24	25	26	27	28
29	30	31	1	2	3	4

စနေ တနင်္ဂနွေ အားလပ်ရက်

выходные

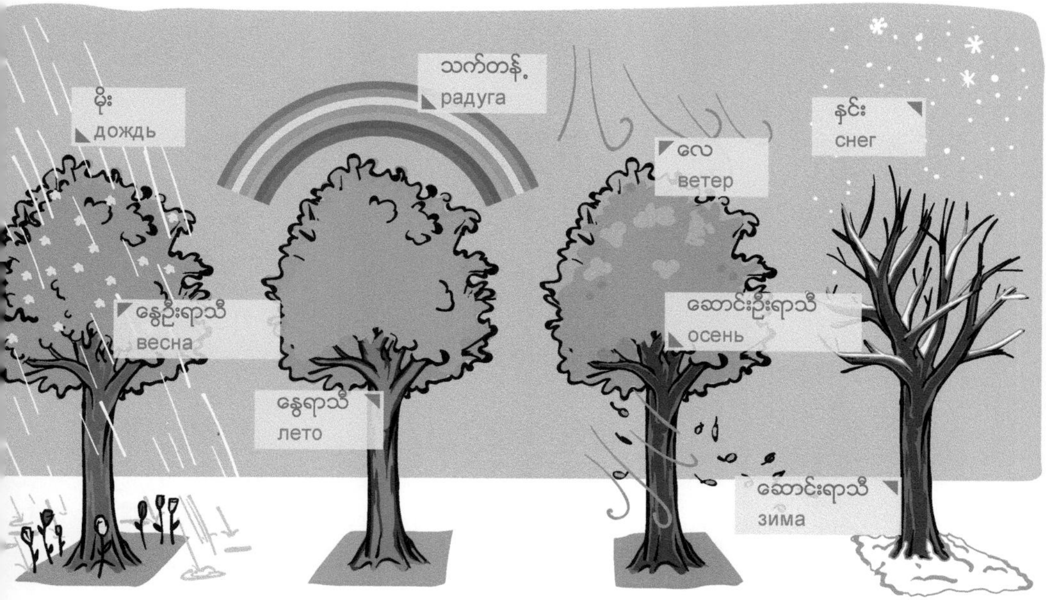

မိုး
дождь
သက်တန့်
радуга
လေ
ветер
နှင်း
снег
နွေဦးရာသီ
весна
နွေရာသီ
лето
ဆောင်းဦးရာသီ
осень
ဆောင်းရာသီ
зима

4.APRIL 11°
5.APRIL 4°
6.APRIL 13°
7.APRIL 8°
8.APRIL 10°

လေဝသ ကြိုတင်ခန့်မှန်းချက်

....

прогноз погоды

F C
120 40
90 30
60 20
30 10
0 0
-30 -10
-20

အပူချိန်တိုင်း ကိရိယာ

....

термометр

နေရောင်ခြည်

....

солнечный свет

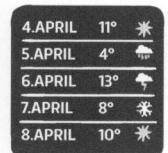

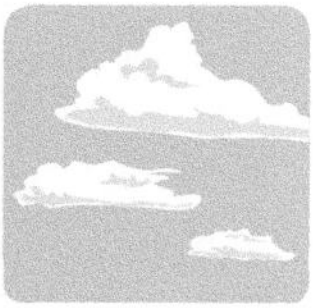

တိမ်

....

туча

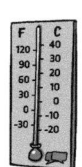

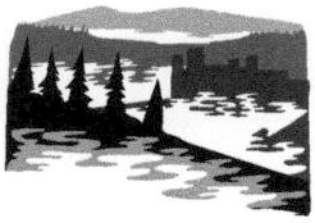

မြူ

....

туман

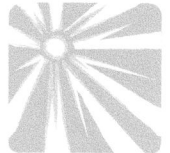

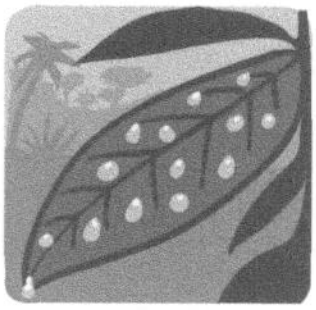

စိုထိုင်းဆ

....

влажность воздуха

လျှပ်စီးလက်ခြင်း

молния

မိုးကြိုး

гром

မုန်တိုင်း

буря

မိုးသီး

град

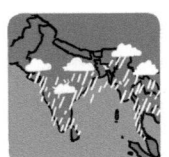

မိုးရာသီ

муссон

ရေကြီးခြင်း

наводнение

ရေခဲ

лёд

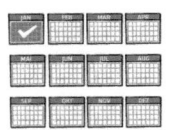

ဇန္နဝါရီလ

январь

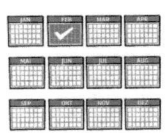

ဖေဖော်ဝါရီလ

февраль

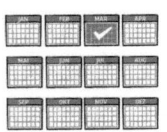

မတ်လ

март

ဧပြီလ

апрель

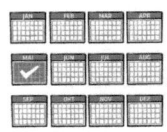

မေလ

май

ဇွန်လ

июнь

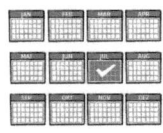

ဇူလိုင်လ

июль

သြဂုတ်လ

август

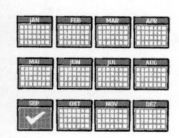

စက်တင်ဘာလ

сентябрь

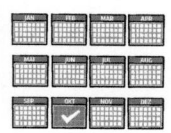

အောက်တိုဘာလ

октябрь

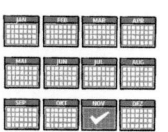

နိုဝင်ဘာလ

ноябрь

ဒီဇင်ဘာလ

декабрь

ပုံစံများ

формы

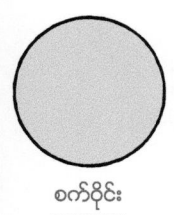

စက်ဝိုင်း

круг

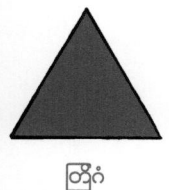

စတုရန်း

квадрат

ထောင့်မှန်စတုဂံ

прямоугольник

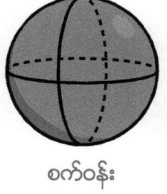

တြိဂံ

треугольник

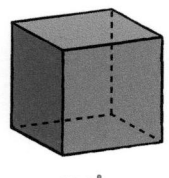

စက်ဝန်း

шар

အတုံး

куб

အဖြူရောင်
....
белый

အဝါရောင်
....
желтый

လိမ္မော်ရောင်
....
оранжевый

ပန်းရောင်
....
розовый

အနီရောင်
....
красный

ခရမ်းရောင်
....
лиловый

အပြာရောင်
....
синий

အစိမ်းရောင်
....
зелёный

အညိုရောင်
....
коричневый

မီးခိုးရောင်
....
серый

အနက်ရောင်
....
черный

အများအပြား / အနည်းငယ်

много / мало

စိတ်ဆိုးသော /
စိတ်တည်ငြိမ်သော

яростный / мирный

လှပသော / ရုပ်ဆိုးသော

красивый / уродливый

အစ / အဆုံး

начало / конец

အကြီးသော / အငယ်

большой / маленький

တောက်ပသော / မှောင်မဲသော

светлый / темный

ညီအစ်ကို / ညီအစ်မ

брат / сестра

သန့်ရှင်းသော / ညစ်ပတ်သော

чистый / грязный

ပြည့်စုံသော / မပြည့်စုံသော

полный / неполный

နေ့ / ည

день / ночь

သေသော / ရှင်သော

мёртвый / живой

ကျယ်သော / ကျဉ်းသော

широкий / узкий

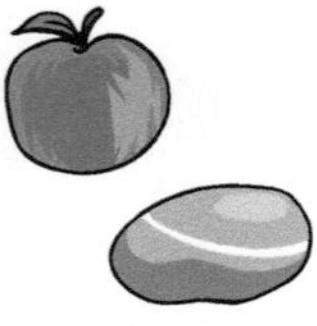

စားသုံးနိုင်သော / မစားသုံးနိုင်သော

съедобный / несъедобный

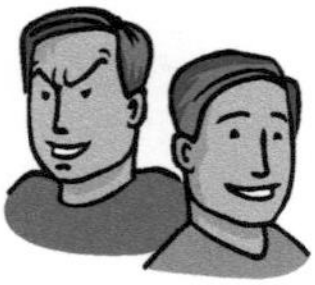

စိတ်ယုတ်သော / ကြင်နာသော

злой / дружелюбный

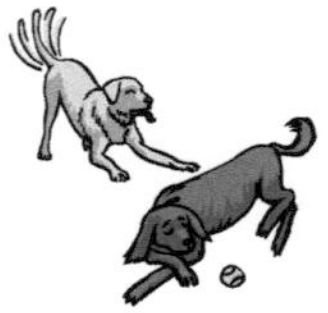

စိတ်လှုပ်ရှားဖွယ် / ပျင်းရိဖွယ်

взволнованный / скучающий

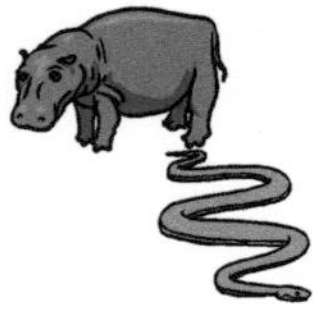

ဝသော / ပိန်သော

толстый / худой

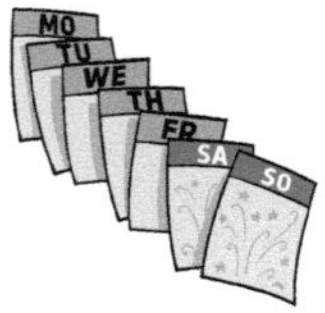

ပထမ / နောက်ဆုံးပိတ်

сначала / в конце

မိတ်ဆွေ / ရန်သူ

друг / враг

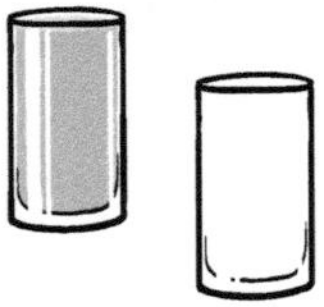

အပြည့် / ဘာမှမရှိ

полный / пустой

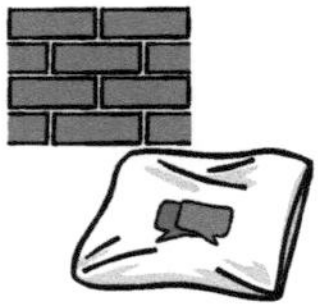

မာသော / ပျော့သော

твёрдый / мягкий

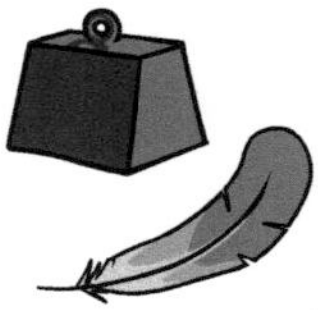

လေးလံသော / ပေါ့ပါးသော

тяжёлый / легкий

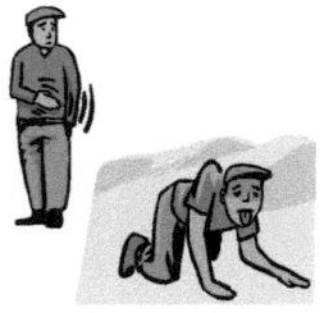

ိုဆာလောင်သော / ရေဆာသော

голод / жажда

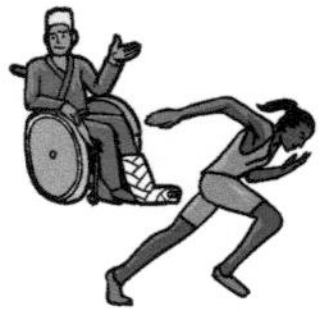

နာမကျန်းသော / ကျန်းမာသော

больной / здоровый

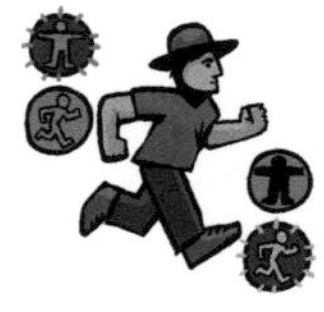

တရားမဝင်သော / တရားဝင်သော

незаконный / законный

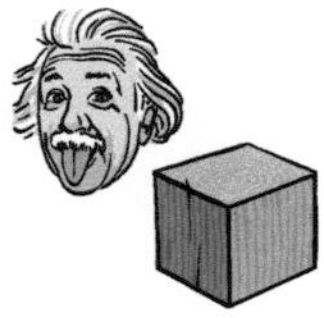

ဉာဏ်ကောင်းသော / ထိုင်းသော

умный / глупый

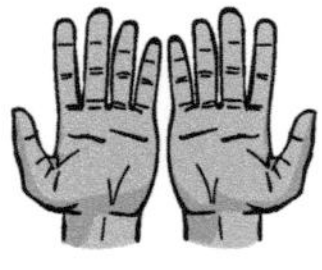

ဘယ် / ညာ

слева / справа

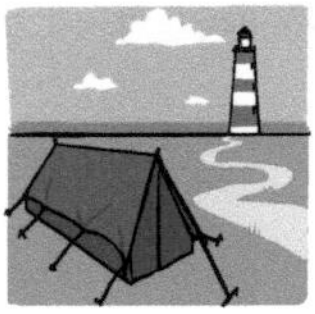

နီးသော / ဝေးသော

близко / далеко

အသစ် / အသုံးပြုပြီးသား

новый / подержанный

ဘာမှမရှိ / တစ်ခုခု

ничто / нечто

အသက်ကြီးသော /
ငယ်ရွယ်သော

старый / молодой

ဖွင့်သော / ပိတ်သော

включено / выключено

ဖွင့်သော / ပိတ်သော

открыто / закрыто

တိတ်ဆိတ် / ကျယ်လောင်

тихо / громко

ချမ်းသာ / ဆင်းရဲ

богатый / бедный

အမှန် / အမှား

правильный /
неправильный

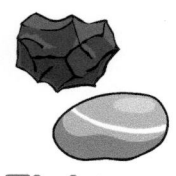

ကြမ်းတမ်း / ချောမွေ့

шероховатый / гладкий

ဝမ်းနည်း / ဝမ်းသာ

печальный / счастливый

အတို / အရှည်

короткий / длинный

အနေး / အမြန်

медленный / быстрый

စိုသော / ခြောက်သွေ့သော

мокрый / сухой

နွေးထွေးသော / အေးမြသော

тёплый / прохладный

စစ် / ငြိမ်းချမ်းရေး

война / мир

0	**1**	**2**
သုည	တစ်	နှစ်
ноль	один	два
3	**4**	**5**
သုံး	လေး	ငါး
три	четыре	пять
6	**7**	**8**
ခြောက်	ခုနစ်	ရှစ်
шесть	семь	восемь
9	**10**	**11**
ကိုး	တစ်ဆယ်	ဆယ့်တစ်
девять	десять	одиннадцать

12

ဆယ့်နှစ်

двенадцать

13

ဆယ့်သုံး

тринадцать

14

ဆယ့်လေး

четырнадцать

15

ဆယ့်ငါး

пятнадцать

16

ဆယ့်ခြောက်

шестнадцать

17

ဆယ့်ခုနစ်

семнадцать

18

ဆယ့်ရှစ်

восемнадцать

19

ဆယ့်ကိုး

девятнадцать

20

နှစ်ဆယ်

двадцать

100

ရာ

сто

1.000

ထောင်

тысяча

1.000.000

မီလျံ

миллион

အင်္ဂလိပ် ဘာသာစကား

английский

အမေရိကန် အင်္ဂလိပ်
ဘာသာစကား
американский английский

တရုတ် မန်ဒရင်း ဘာသာစကား

мандаринский китайский

ဟိန္ဒူ ဘာသာစကား

хинди

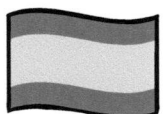

စပိန် ဘာသာစကား

испанский

ပြင်သစ် ဘာသာစကား

французский

အာရာဗီ ဘာသာစကား

арабский

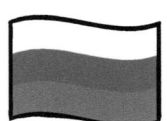

ရုရှ ဘာသာစကား

русский

ပေါ်တူဂီ ဘာသာစကား

португальский

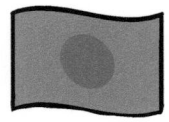

ဘင်္ဂါလီ ဘာသာစကား

бенгальский

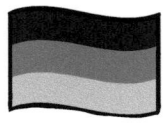

ဂျာမန် ဘာသာစကား

немецкий

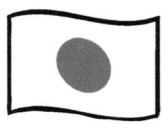

ဂျပန် ဘာသာစကား

японский

ကျွန်ုပ်

я

သင်

ты

သူ / သူမ / ၎င်း

он / она / оно

ကျွန်ုပ်တို့

мы

သင်တို့

вы

သူ့တို့

они

ဘယ်သူ့လဲ။

кто?

ဘာလဲ။

что?

ဘယ်လိုလဲ။

как?

ဘယ်နေရာလဲ။

где?

ဘယ်အချိန်လဲ။

когда?

အမည်

имя

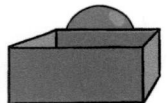

အနောက်ဖက်

за

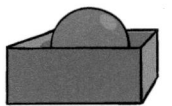

အတွင်း

в

အရှေ့ဖက်

перед

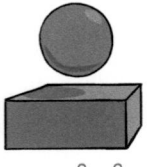

အထက်ဖက်

над

အပေါ်ဖက်

на

အောက်ဖက်

под

ဘေးဖက်

рядом

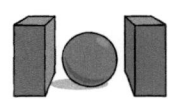

ကြား

между

နေရာ

место